Andel Konrad

EIN HAUCH VON Tuch

Tücher aus Mohair und leichten Garnen häkeln

CV

VORWORT

Liebe Leserinnen, liebe Leser

Tücher, Tücher, Tücher und kein Ende. Davon kann man ja bekanntlich nie genug haben, und falls der eigene Kleiderschrank doch schon überquillt, ist so ein Tuch natürlich auch ein tolles, persönliches Geschenk. Es gibt also keinen Grund, nicht zur Häkelnadel zu greifen und loszulegen. Und damit die Ideen nicht ausgehen, habe ich mit diesem Buch für Nachschub gesorgt. Ich denke, es ist für jede*n etwas dabei, von ganz einfachen, geraden Stolen, die man hyggemäßig vor sich hin häkeln kann, bis zu anspruchsvollen Projekten mit unterschiedlichen Materialien und Häkeltechniken. Auch die verwendeten Materialien bieten alles, was an Vielfalt in der Wollwelt erhältlich ist. Von hauchzartem Mohair, Baby-Alpaka und Kaschmirmischungen über allergenfreie Alternativen aus Baumwolle und Kunstfaser bis hin zu recyceltem Jeansgarn. Aber auch wenn nicht das Originalmaterial verwendet wird, gibt es sicher traumhafte Alternativen bei den »Wolldealern« unseres Vertrauens. So, jetzt habt ihr hoffentlich genug Motivation, um neue Projekte in Angriff zu nehmen. Ich hoffe, ihr werdet fündig und wünsche euch ganz viel Spaß beim Nachhäkeln.

Ran an die Nadel und häkelt euch glücklich.

Eure Andel

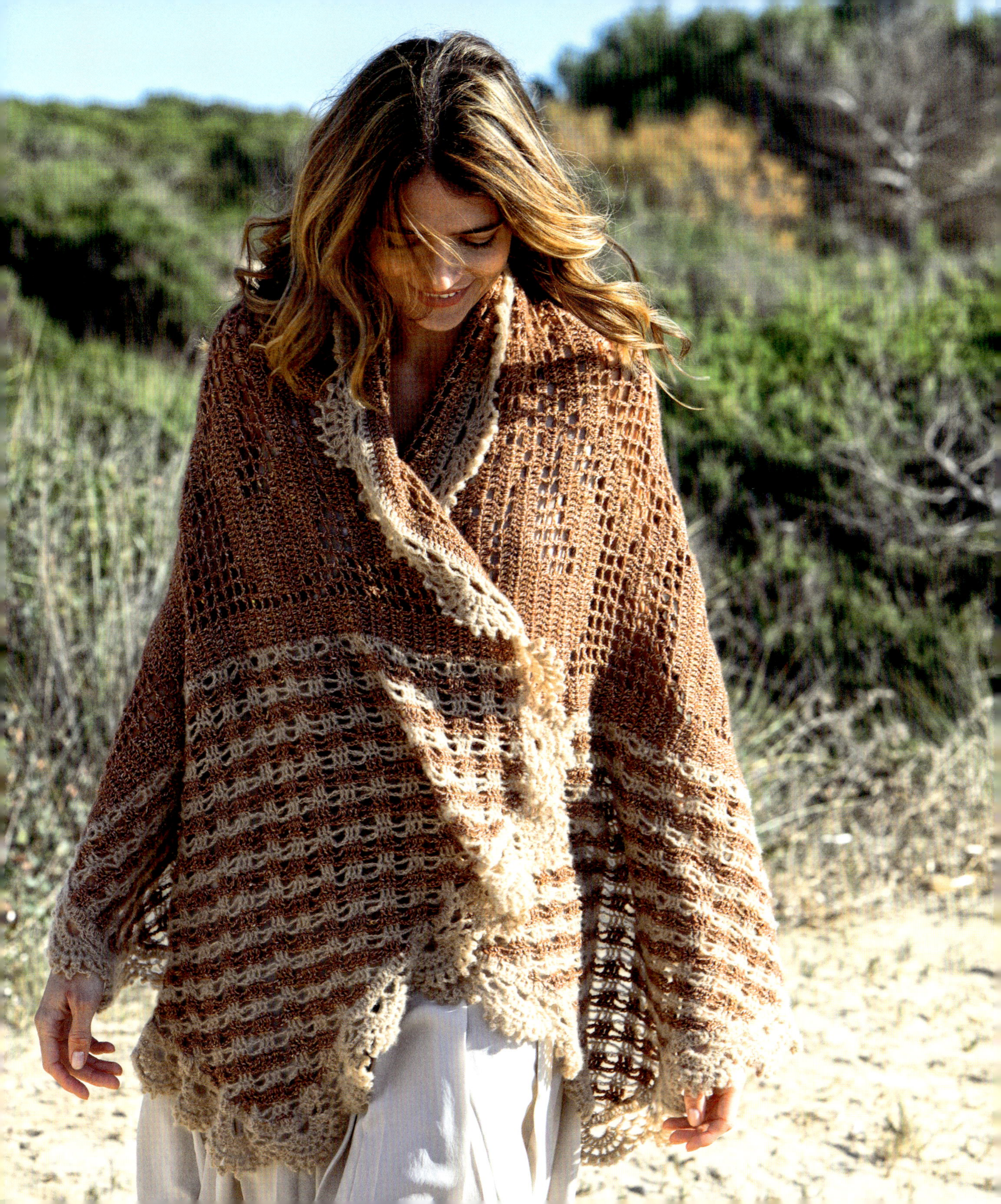

INHALT

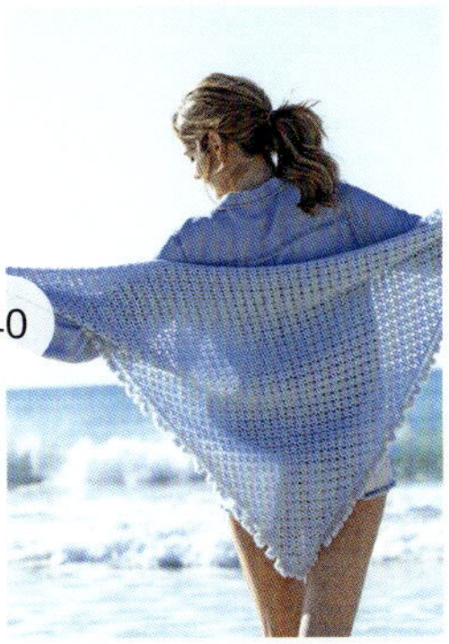

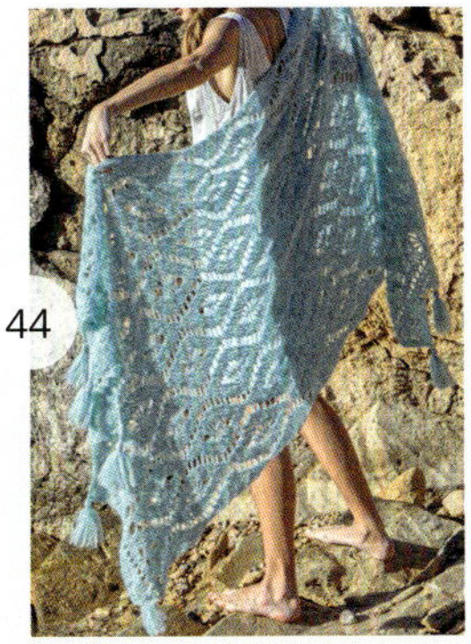

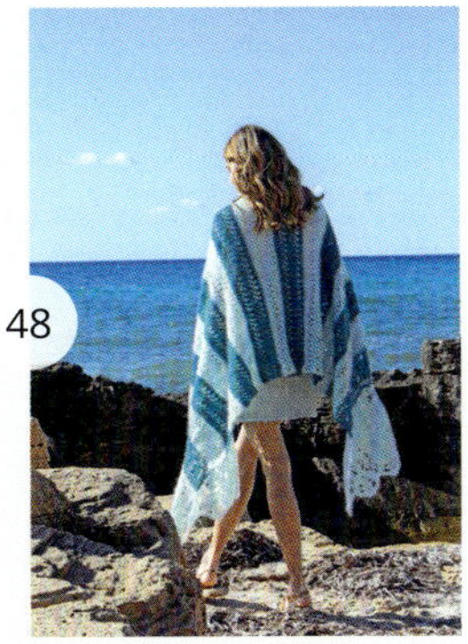

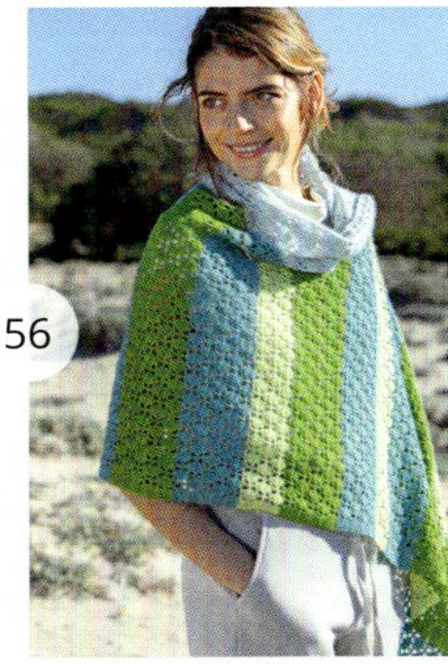

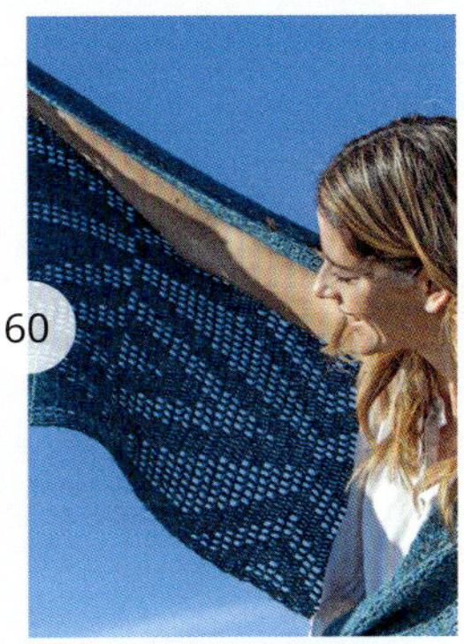

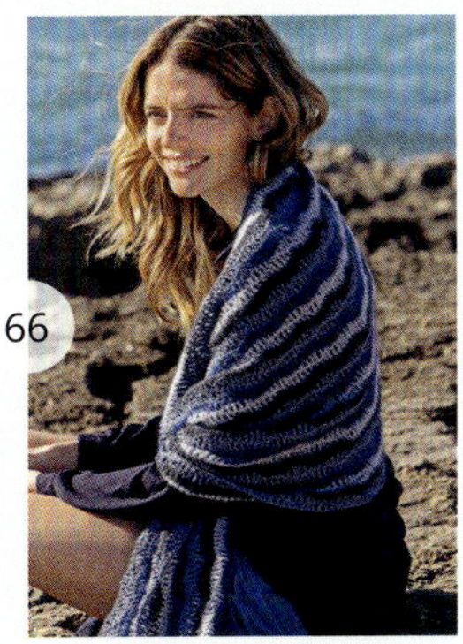

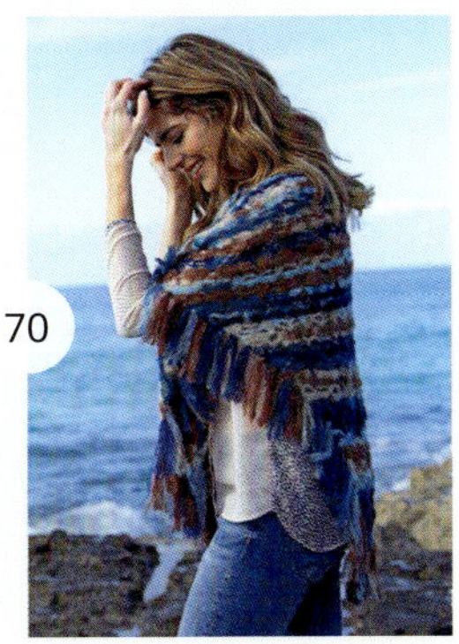

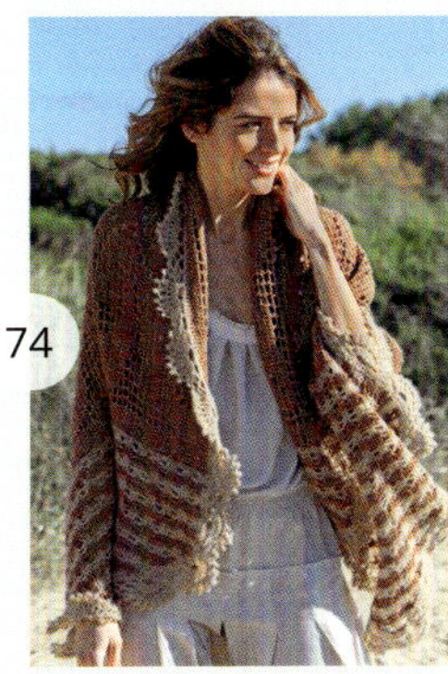

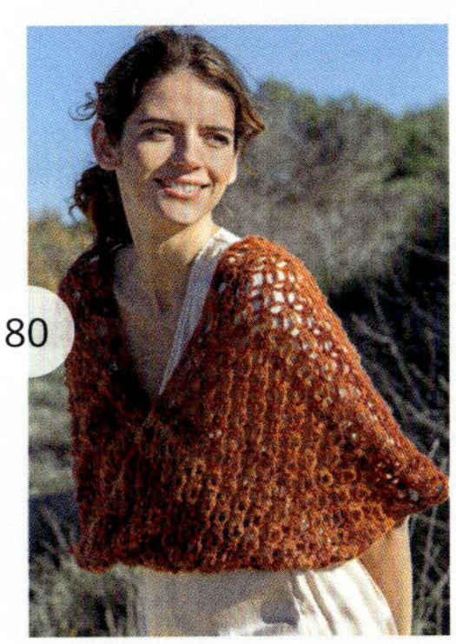

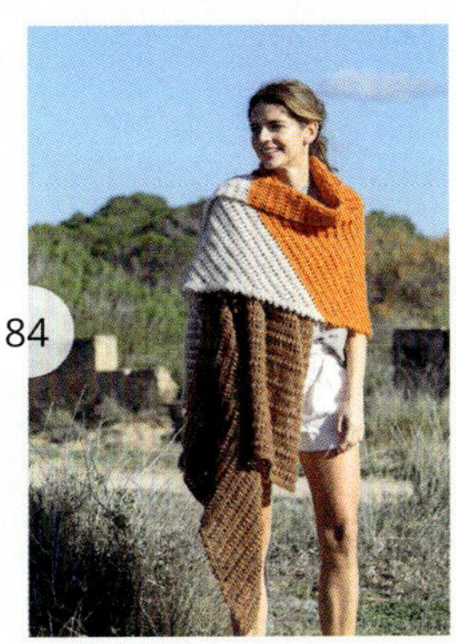

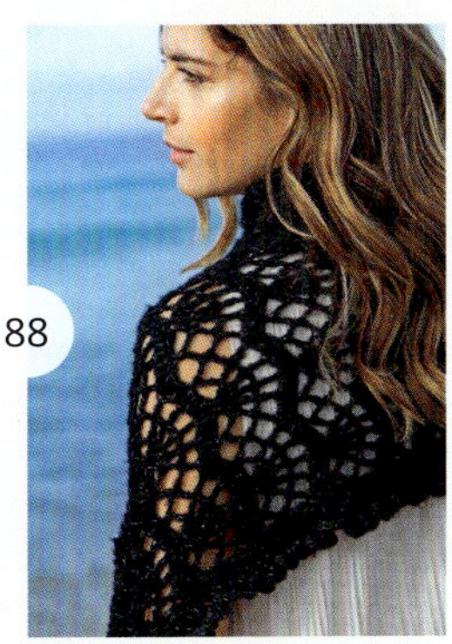

Schwierigkeitsgrad:

●●● = einfach

●●● = mittel

●●● = anspruchsvoll

ECKIG

Dreieckstuch mit Farbflächen

SCHWIERIGKEITSGRAD: ●●●

GRÖSSE
ca. 180 cm x 92 cm (Breite mal Länge)

MATERIAL
- Lana Grossa Leerzeichen „Ecopuno“ (72 % Baumwolle, 11 % Alpaka (Baby), 17 % Schurwolle (Merino), LL 215 m/50 g) 100 g Pfirsich (Fb 07), 100 g Beere (Fb 40), 100 g Nelke (Fb 21), 100 g Rosa (Fb 48)
- Häkelnadel 4,0 mm

LOCHMUSTER
Nach der Häkelschrift in Reihen arbeiten. Es sind alle Maschen, die Hin- und Rückreihen und die Farbfolge gezeichnet.

MASCHENPROBE
Im Lochmuster in der Häkelschrift grau unterlegt = 18 x 18 cm

ANLEITUNG
Die Stola wird in 3 Abschnitten gearbeitet. Man beginnt mit dem Mittelquadrat. Das Quadrat wird nach der Häkelschrift in Reihen gearbeitet. Dafür 5 Luftmaschen anschlagen und zur Runde schließen. Weiter nach der Häkelschrift häkeln. Für jedes neue Farbfeld wird der Faden wie in der Häkelschrift angegeben neu angesetzt, der Faden kann gleich mit eingehäkelt werden oder wird später vernäht. Die Farbfelder nach dem Farbschema gemäß der Nummerierung häkeln. Nach insgesamt 48 Reihen das Quadrat beenden. Für die Seitendreiecke wie im Schema angegeben mit Farbe Nelke neu ansetzen und nach der Häkelschrift das Seitenteil 1 arbeiten. Für das zweite Seitenteil an der angegebenen Stelle in Farbe Rosa neu ansetzen und gegengleich arbeiten. Für die Umrandung 2 Reihen Stäbchen häkeln, dabei wie im Farbschema angegeben die Farben wechseln.

FERTIGSTELLUNG
Alle Fäden vernähen. Wenn gewollt, Stola spannen, anfeuchten und trocknen lassen oder vorsichtig dämpfen.

WICHTIG
Immer mal wieder die Maschenzahl kontrollieren!

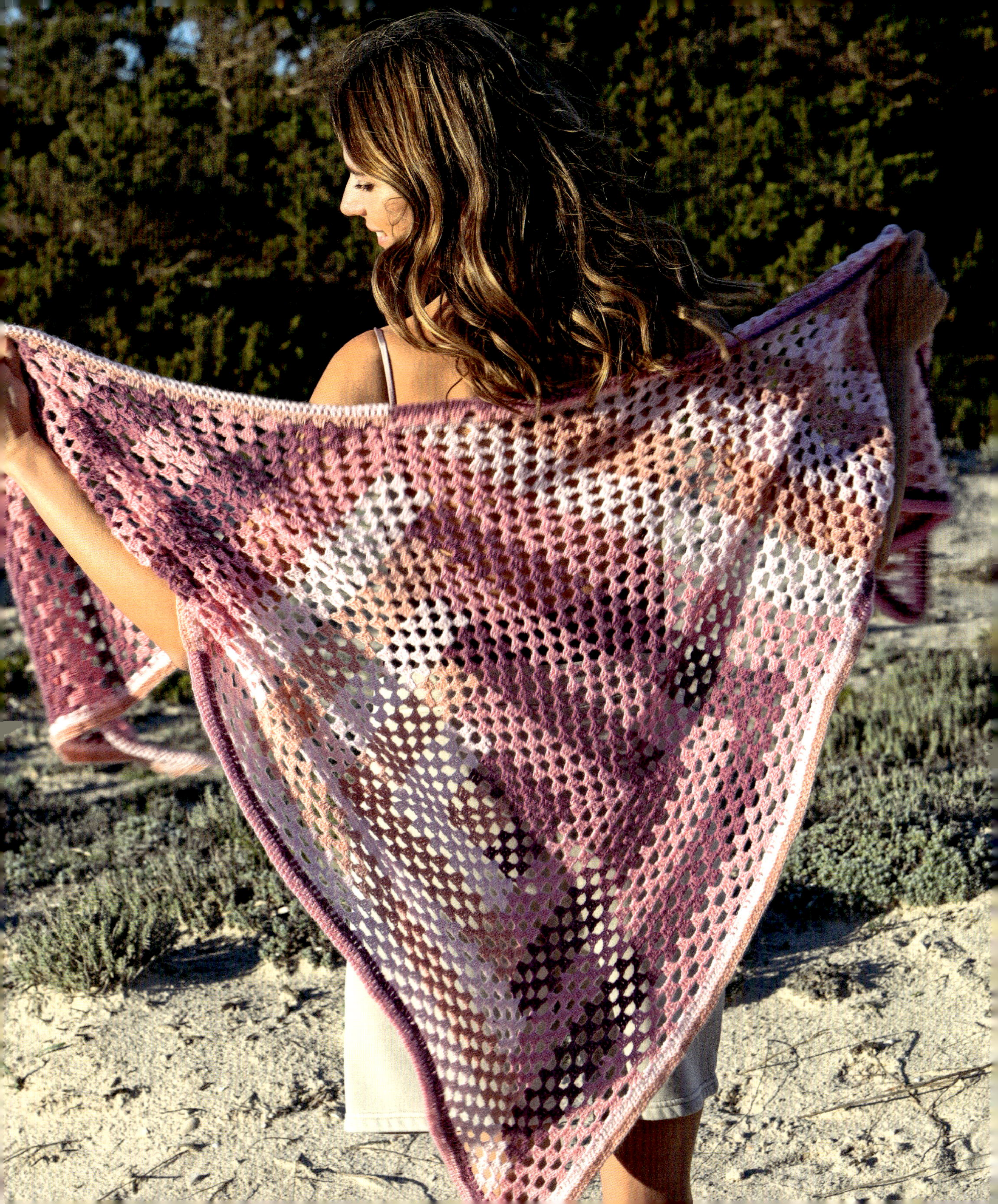

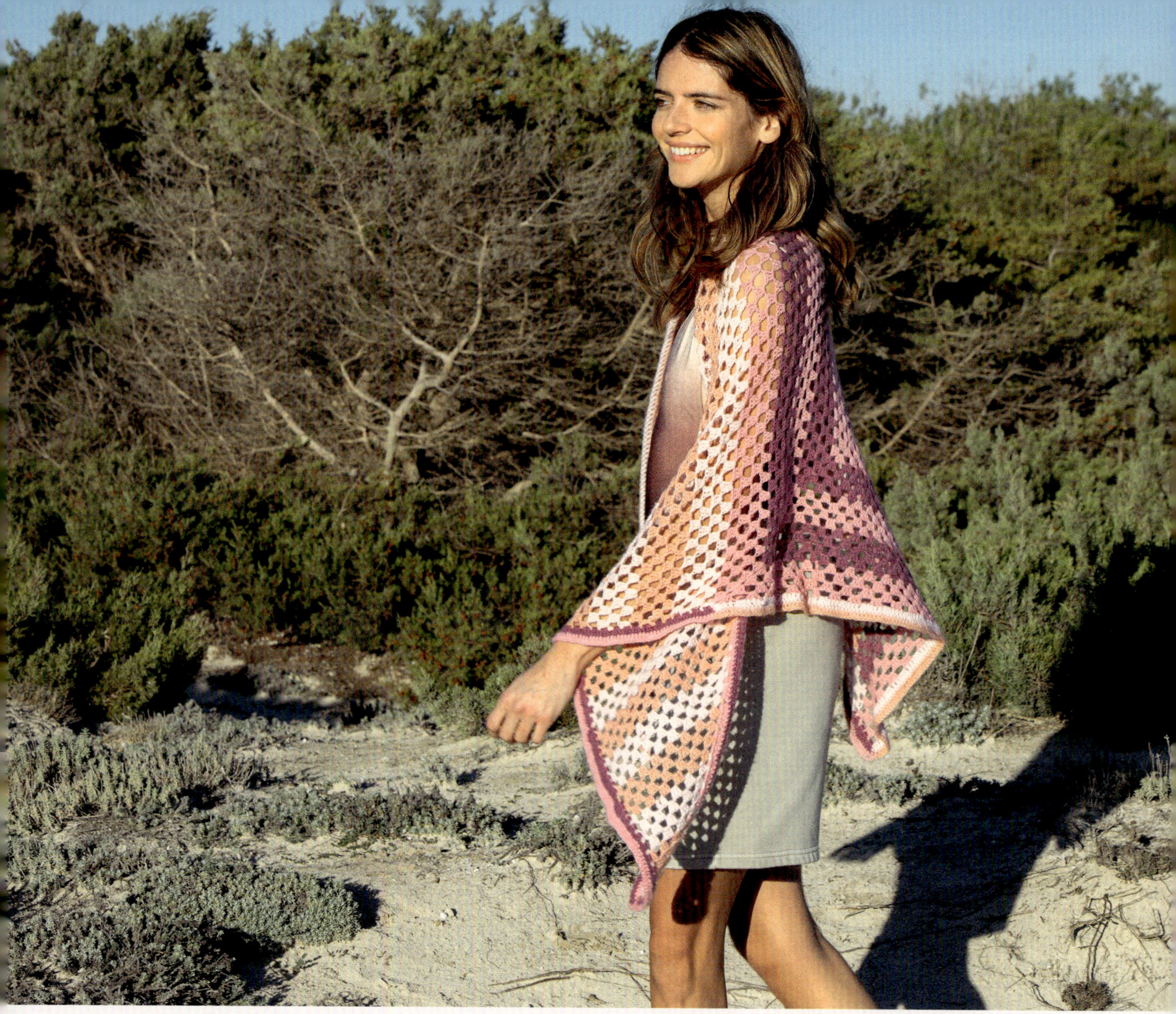

ZEICHENERKLÄRUNG

• = 1 Luftmasche

▮ = 1 Feste Masche

┼ = 1 Stäbchen

◄ = den Faden neu ansetzen

HÄKELSCHRIFT MITTELQUADRAT

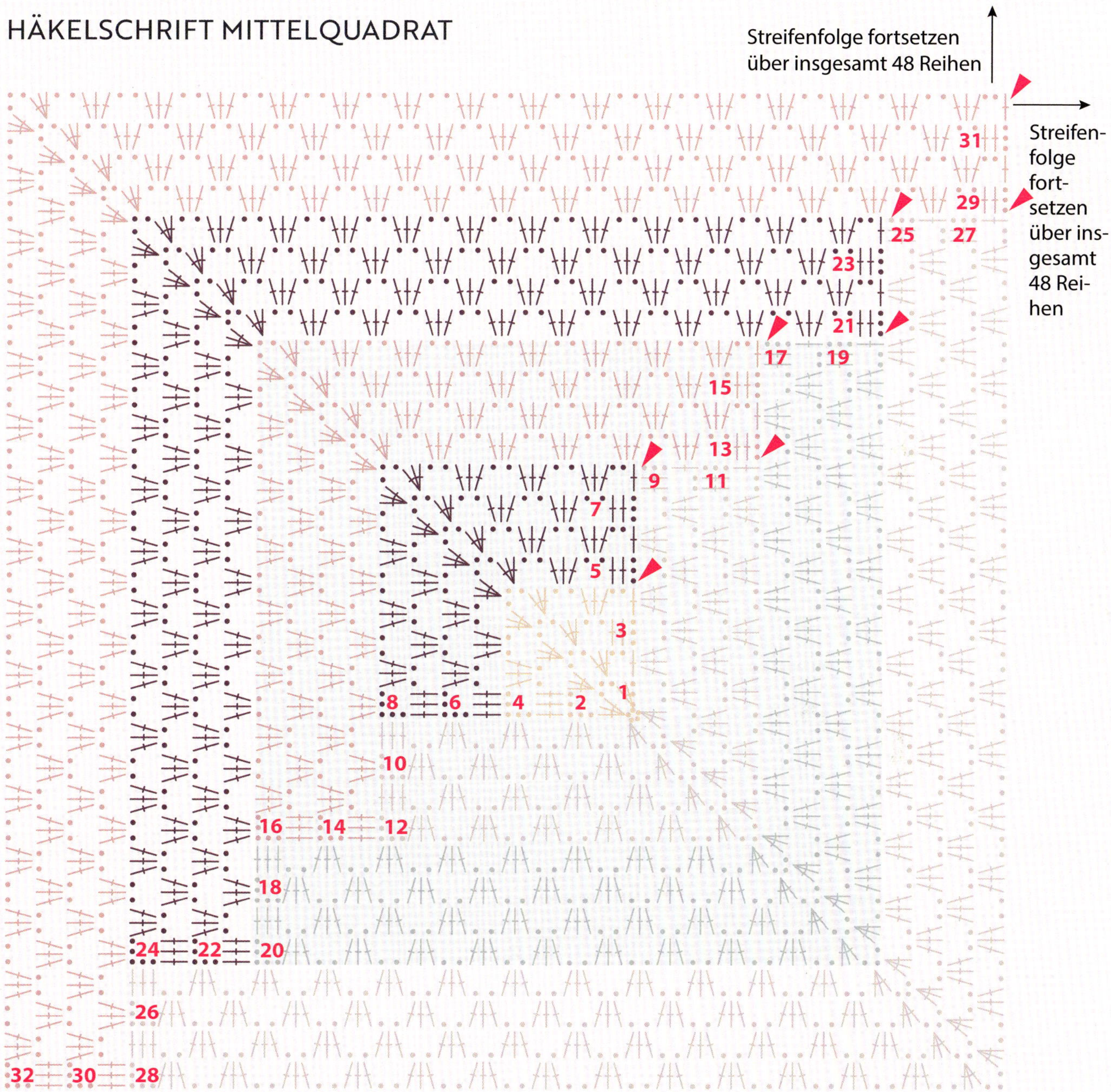

HÄKELSCHRIFT SEITENTEILE

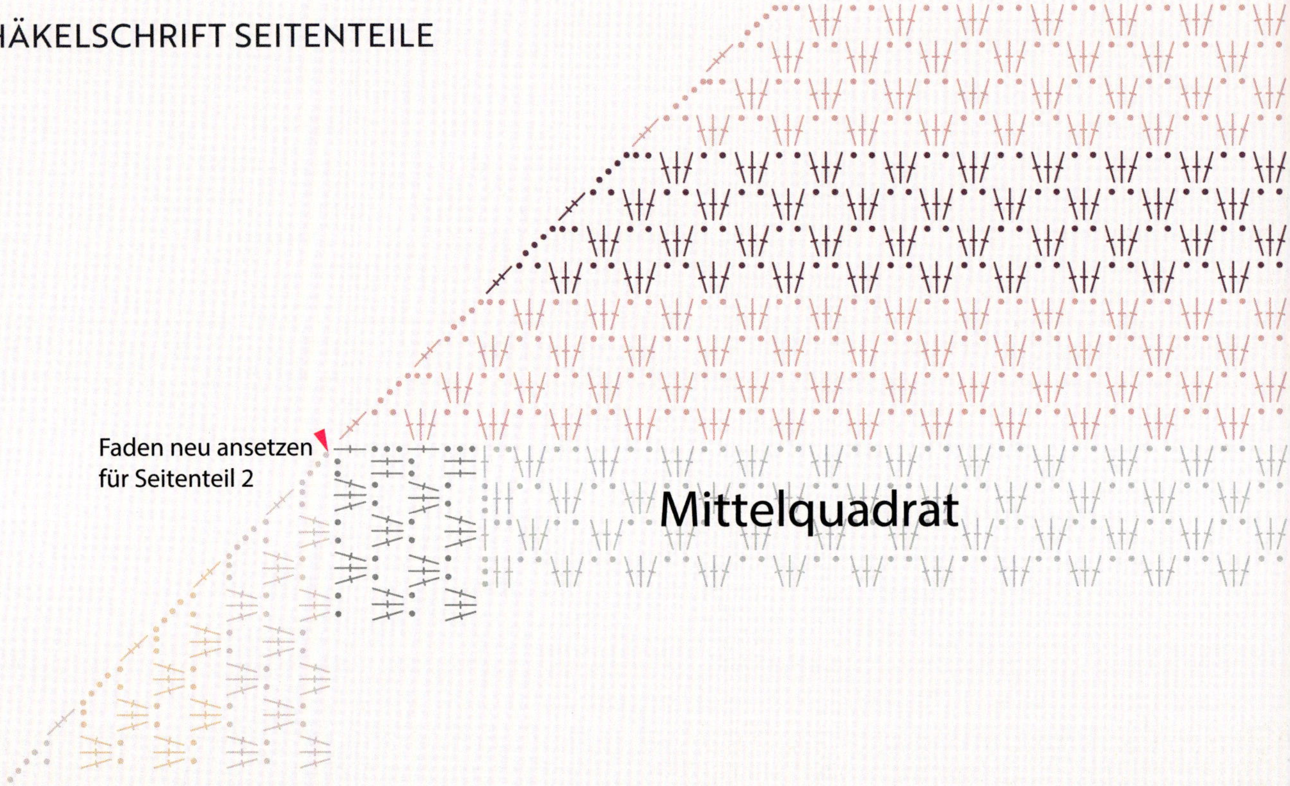

FARBSCHEMA MITTELQUADRAT

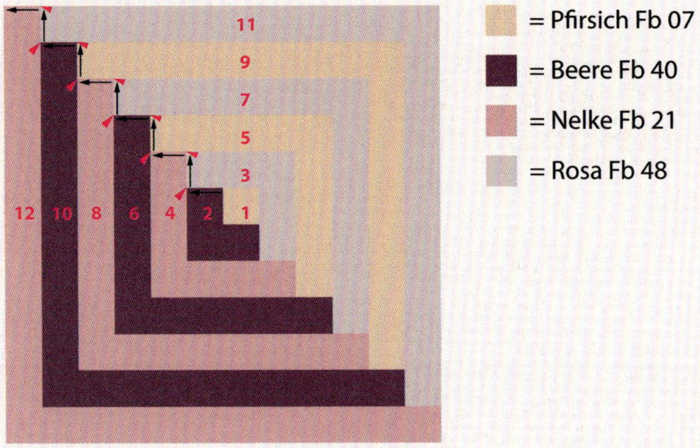

FARBSCHEMA DEIECKSTUCH

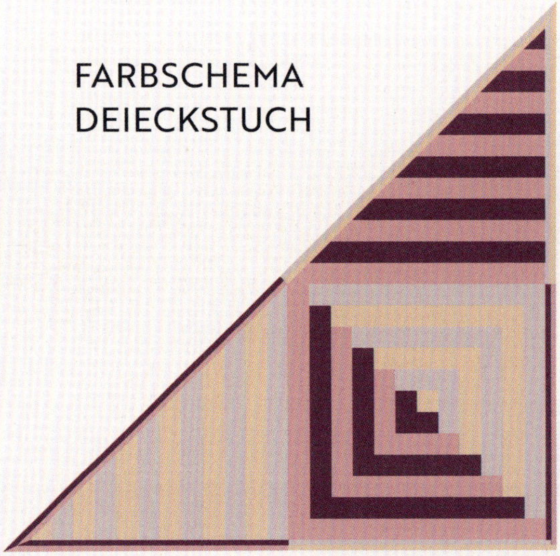

Streifenfolge fortsetzen
über insgesamt 48 Reihen

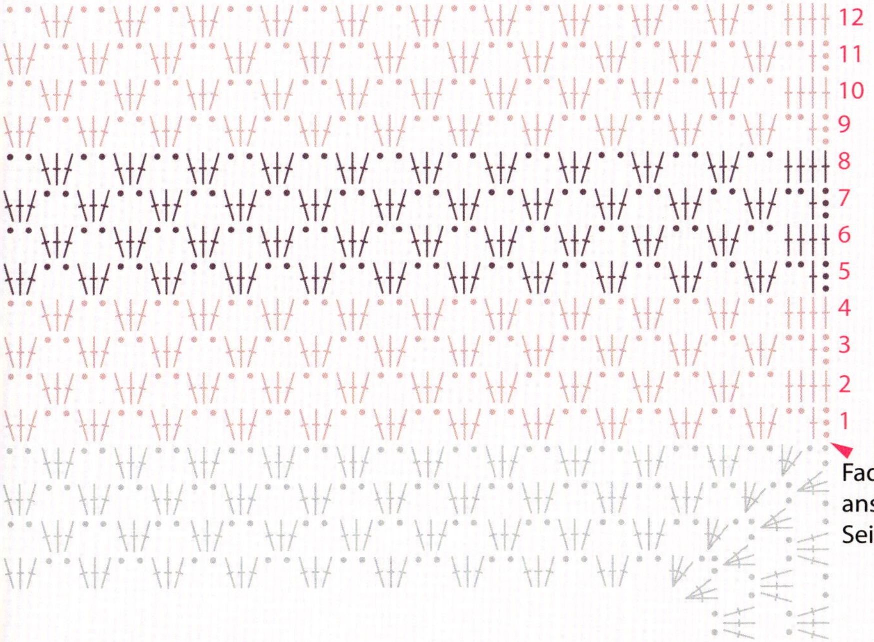

Faden neu
ansetzen für
Seitenteil 1

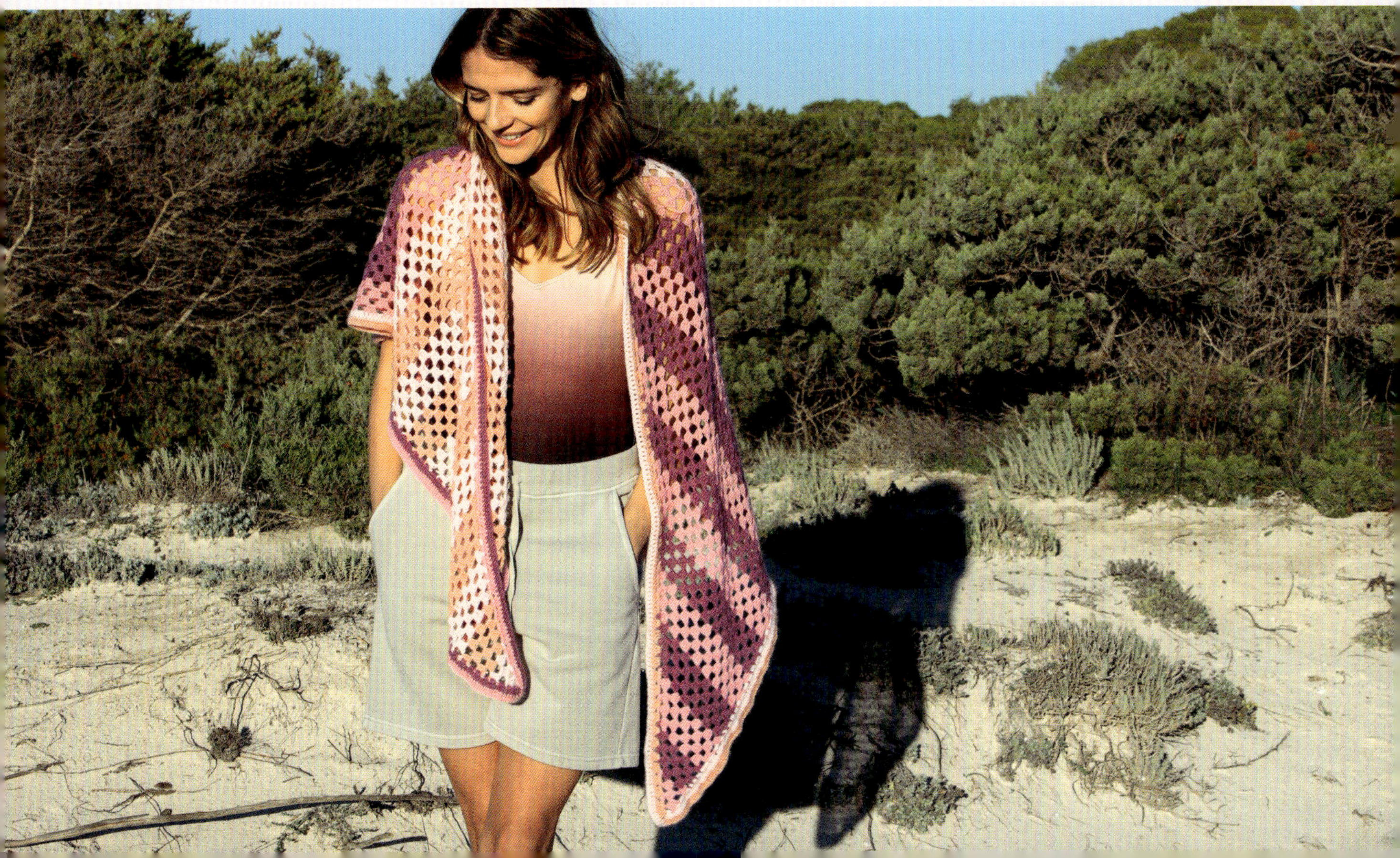

FLOWER-POWER

Stola aus Häkelblüten

SCHWIERIGKEITSGRAD: ●●●

GRÖSSE

ca. 58 cm x 180 cm (Breite mal Länge)

MATERIAL

- Pascuali „Manada" (46 % Mohair (Superkid), 25 % Maulbeerseide; 15 % Schurwolle (Merino), 15 % Yak, LL 200 m/25 g) 50 g Rosé (Fb 210), 75 g Rosenquarz (Fb 211), 50 g Traube (Fb 212)
- Häkelnadel 4,0 mm

HÄKELBLÜTE

Nach der Häkelschrift in Runden arbeiten. Es sind alle Runden gezeichnet, 1 x die 1.–6. Runde arbeiten.

MASCHENPROBE

1 Häkelblüte = 17 cm Durchmesser

ANLEITUNG

Die Häkelblüten werden nacheinander in der im Farbschema angegebenen Reihenfolge gehäkelt. Die jeweils nächste Häkelblüte wird in der letzten Runde laut Häkelschrift mit der vorherigen Häkelblüte mit Kettmaschen verbunden (= in schwarz dargestellt). Ab der zweiten Reihe werden die Blüten in der letzten Runde zusätzlich mit den Blüten der oberen Reihe verbunden. Nach insgesamt 13 Häkelblütenreihen die Arbeit beenden. Um die Zwischenräume zwischen den Blüten zu verringern, werden noch die Verbindungen wie in der Häkelschrift angegeben (= in pink dargestellt) hier in Farbe Rosenquarz gehäkelt.

FERTIGSTELLUNG

Alle Fäden vernähen. Wenn gewollt, Stola spannen, anfeuchten und trocknen lassen oder vorsichtig dämpfen.

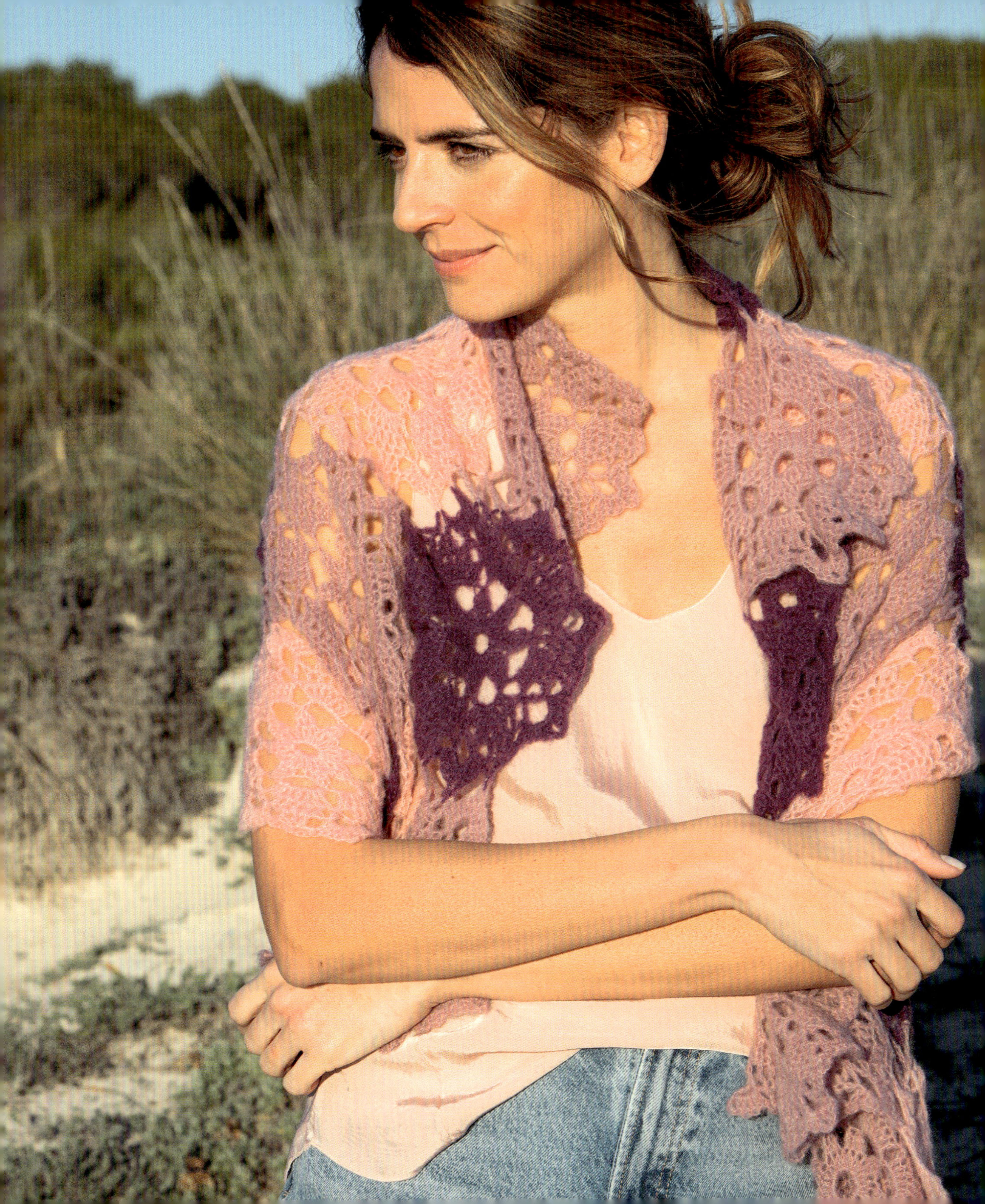

HÄKELSCHRIFT HÄKELBLÜTE

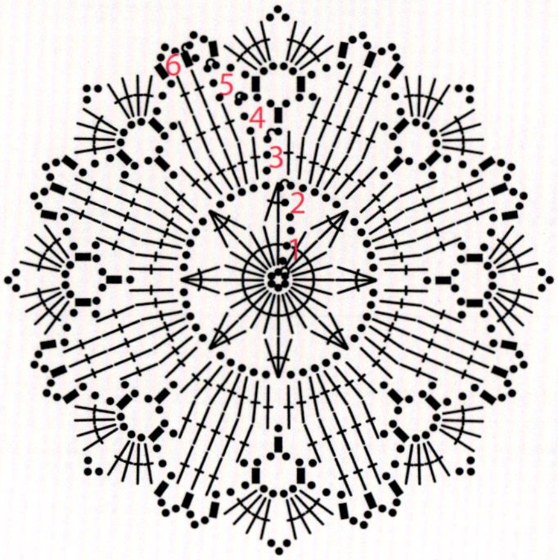

FARBSCHEMA SCHAL

- = Rosé Fb 210
- = Rosenquartz Fb 211
- = Traube Fb 212

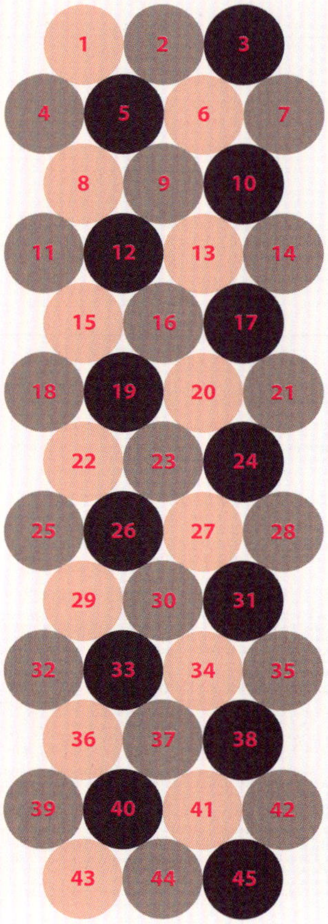

ZEICHENERKLÄRUNG

- • = 1 Luftmasche
- ▮ = 1 Feste Masche
- ◠ = 1 Kettmasche
- ┼ = 1 Stäbchen
- = 3 Stäbchen zusammen abmaschen
- ◄ = den Faden neu ansetzen

HÄKELSCHRIFT MIT MOTIVANSCHLÜSSEN

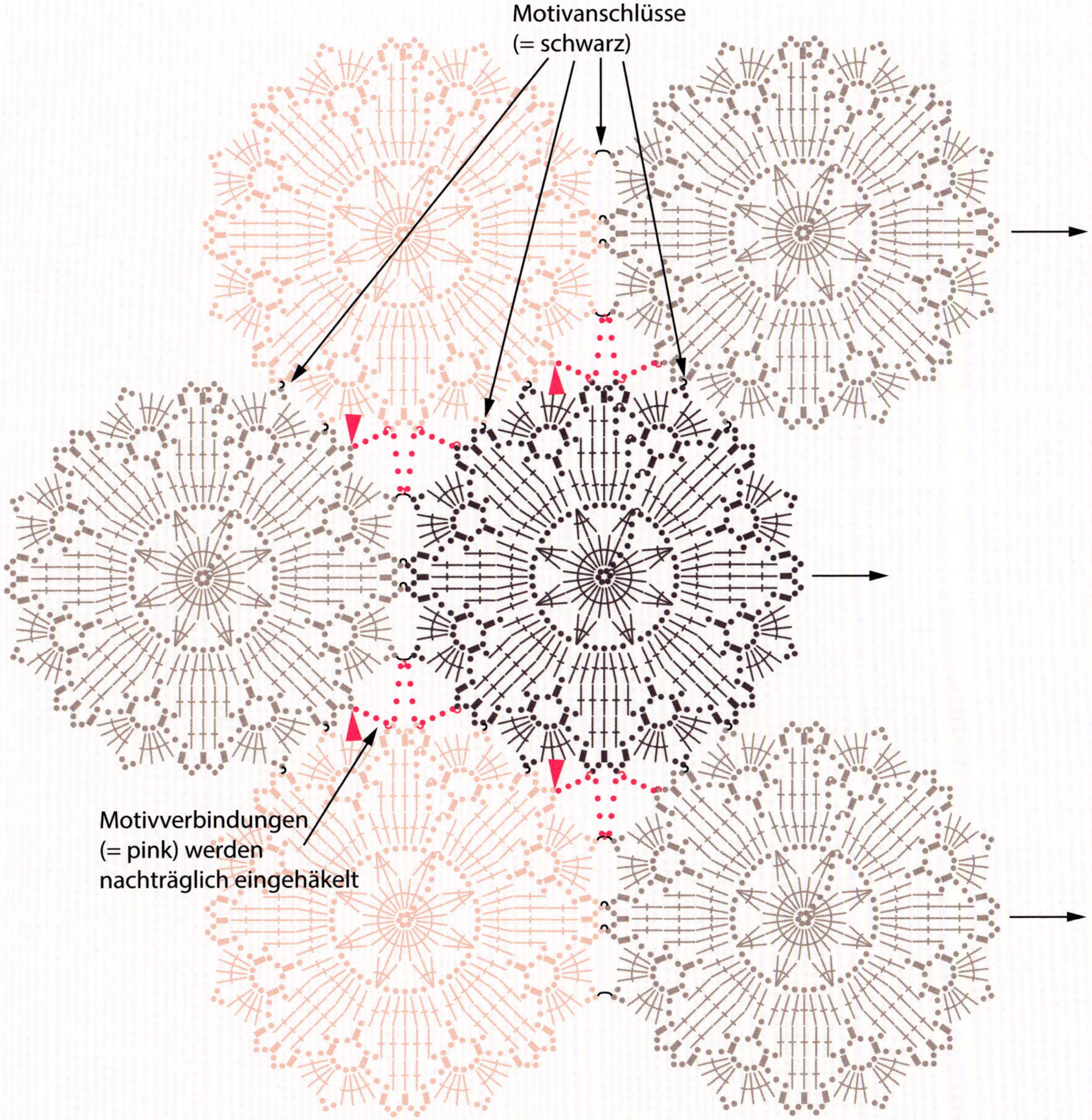

PASTELL-TRAUM

Stola im Wellenmuster mit Glitzer

SCHWIERIGKEITSGRAD: ●●●

GRÖSSE

ca. 65 cm x 200 cm (Breite mal Länge) ohne Fransen

MATERIAL

- Lana Grossa „Alessia" (76 % Baumwolle, 20 % Recycel-tes Polyester, 4% Polyester, LL 135 m/50 g) 150 g Zart-rosa/Kupfer/Grüngrau/Natur (Farbe 104)
- Lana Grossa „Silkhair" (70% Mohair, 30 % Seide, LL 210 m/25 g), 150 g Perlbeige (Farbe 123), 150 g Pas-tellflieder (Farbe 150).
- Häkelnadel 4,0 mm

WELLENMUSTER

Nach der Häkelschrift arbeiten. Es sind alle Maschen und die Hin- und Rückreihen gezeichnet.

FARBFOLGE

Je 2 Reihen Alessia, *Silkhair Perlbeige, Alessia, Silkhair Pastellflieder, Alessia*, von * bis* stets wiederholen, enden mit 2 Reihen Silkhair Perlbeige und Alessia.

MASCHENPROBE

20 M x 10 R = 10 x 10 cm

ANLEITUNG

131 Luftmaschen + 1 Wendeluftmaschen mit Nadel 4,0 und Alessia anschlagen. Die 1. feste Masche in die 2. Luftmasche ab der Nadel häkeln. 1 Reihe feste Maschen häkeln. Dann die Reihen 2–9 der Häkelschrift und die angegebene Farbfolge fortlaufend wiederholen, insge-samt 25 mal (= 201 Reihen). Noch einmal Reihe 1 und 2 in Silkhair Perlbeige häkeln und die Arbeit mit 1 Reihe fester Maschen mit Alessia beenden. Die beiden langen Seiten-kanten mit 1 Reihe halber Stäbchen Maschen in Alessia umhäkeln.

FERTIGSTELLUNG

Alle Fäden vernähen. Wenn gewollt Stola spannen, an-feuchten und trocknen lassen oder vorsichtig dämpfen. Für die Fransen je 3 Fäden mit 30 cm Länge pro Farbe für 1 Franse verwenden (= 15 cm fertige Länge). An den beiden Schmalseiten in die 1. feste Masche die 1. Franse einknüpfen, dann immer 1 Masche überspringen.

WICHTIG

Immer mal wieder die Maschenzahl kontrollieren!

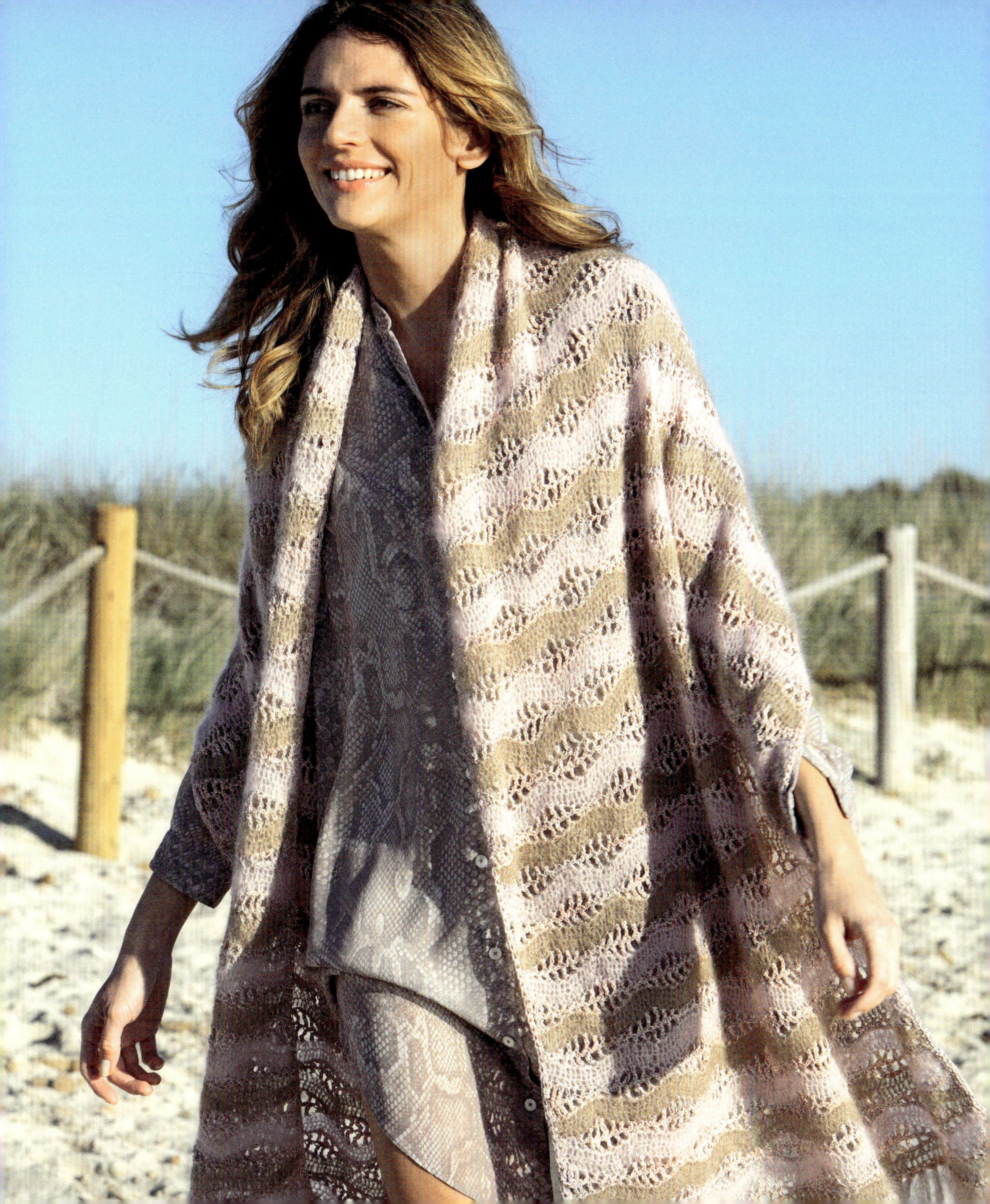

HÄKELSCHRIFT WELLENMUSTER

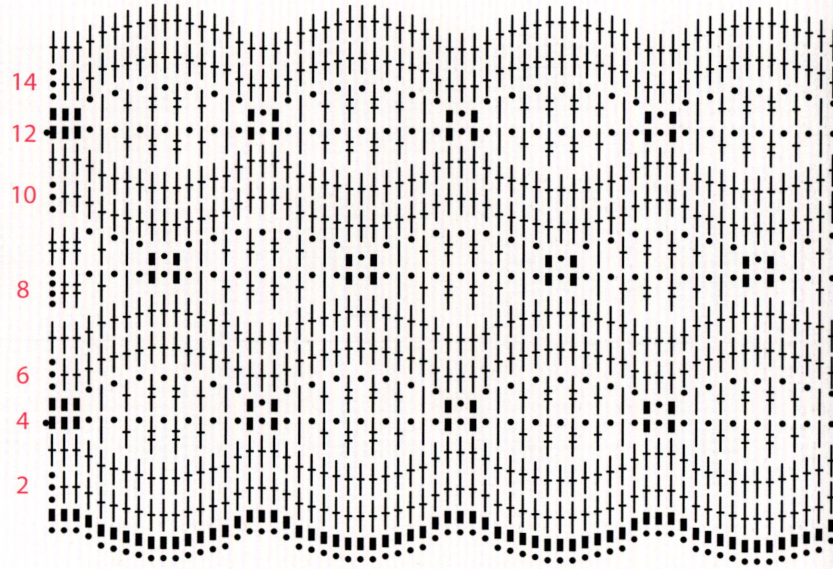

131 Luftmaschen anschlagen + 1 Wende-Luftmasche

ZEICHENERKLÄRUNG

- • = 1 Luftmasche
- ▮ = 1 Feste Masche
- ┼ = 1 Stäbchen
- | = 1 halbes Stäbchen
- ǂ = 1 Doppelstäbchen

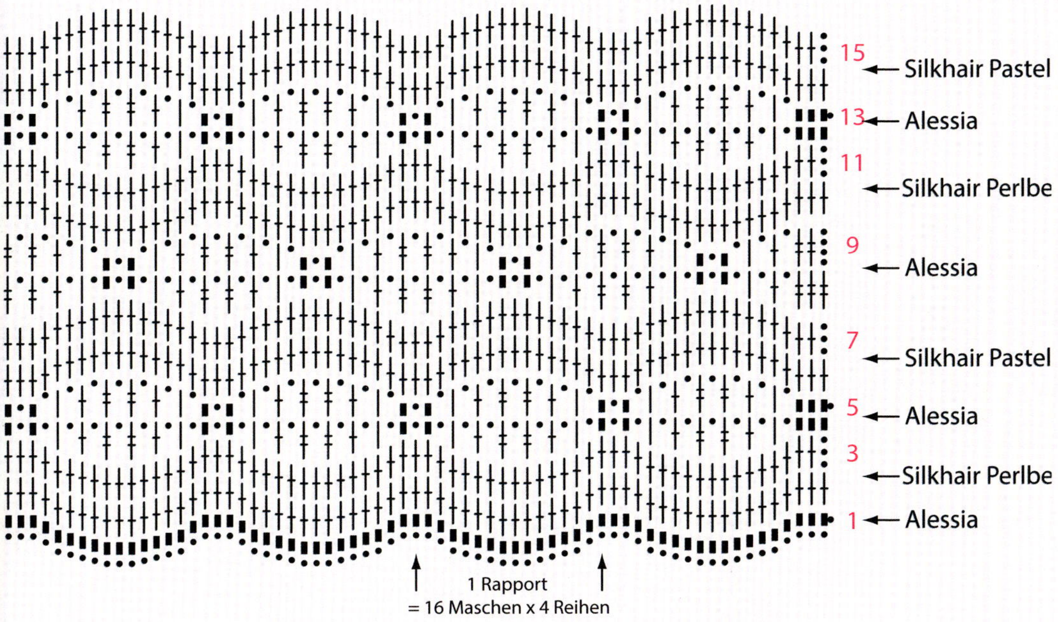
15
Silkhair Pastel
13
Alessia
11
Silkhair Perlbe
9
Alessia
7
Silkhair Pastel
5
Alessia
3
Silkhair Perlbe
1
Alessia
1 Rapport
= 16 Maschen x 4 Reihen

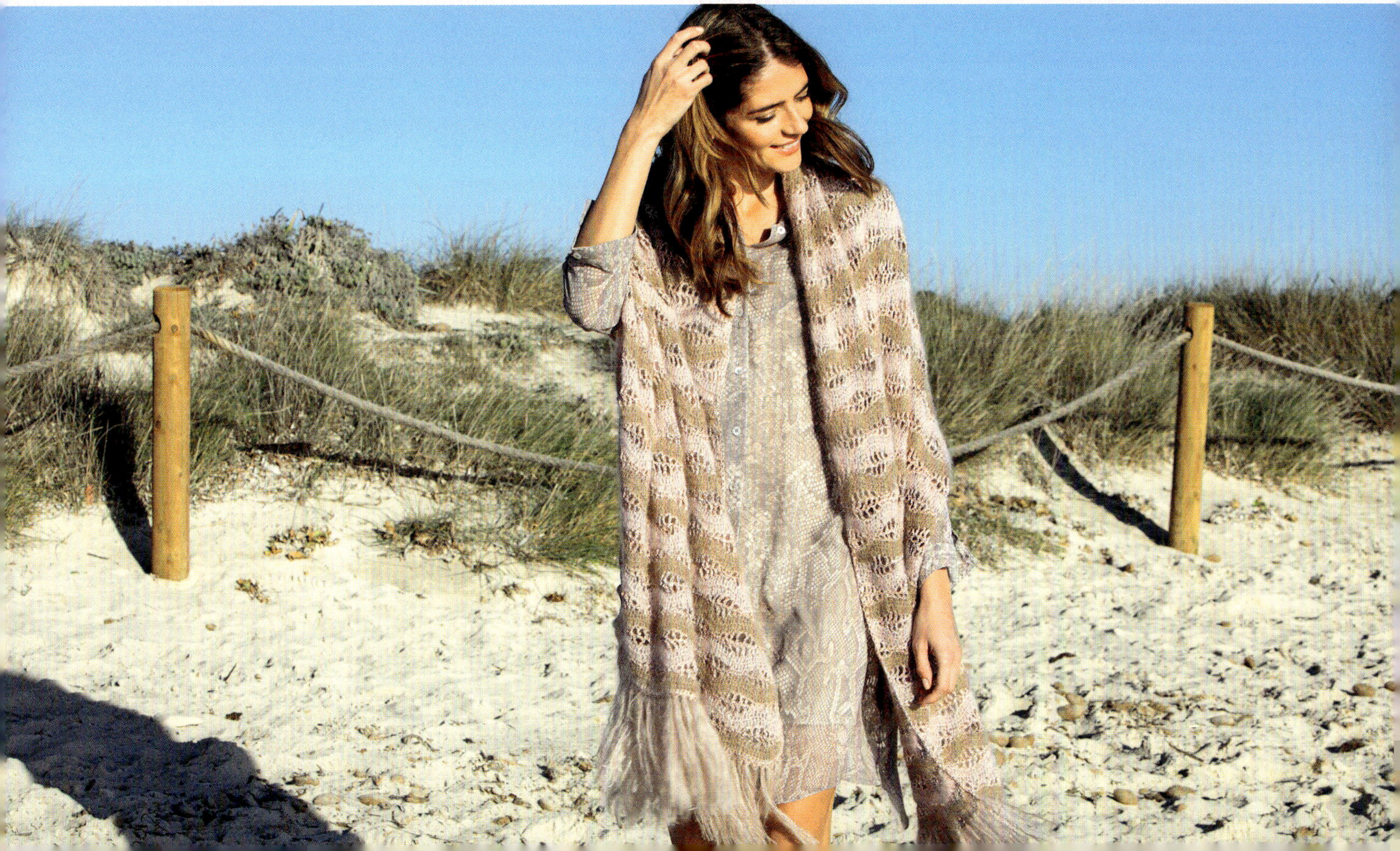

GYPSY

3-farbige Stola mit Rüschen

SCHWIERIGKEITSGRAD: ●●●

GRÖSSE
ca. 55 cm x 175 cm (Breite mal Länge) inklusive Rüschen

MATERIAL
- Pascuali „Suave" (100 % Baumwolle, LL 162 m/25 g) 100 g Erdbeere (Fb 74), 100 g Bordeaux (Fb 82), 100 g Pink (Fb 86)
- Häkelnadel 3,5 mm

FÄCHERMUSTER
Nach der Häkelschrift arbeiten. Es sind alle Hin- und Rückreihen und die Farbfolge gezeichnet. Die 1.–6. R stets wdh.

RÜSCHE
1. Reihe: Stäbchen
2. Reihe: feste Maschen
3. Reihe: In jede Masche 5 Stäbchen häkeln

MASCHENPROBE
20 M x 10 R = 10 x 10 cm

ANLEITUNG
113 Luftmaschen + 3 Wendeluftmaschen anschlagen. Das erste Stäbchen in die 5. Luftmasche ab der Nadel häkeln. Sofort mit der 1. Reihe der Häkelschrift beginnen. Die 1.–6. Reihe mit der Farbfolge Bordeaux, Erdbeere, Pink fortlaufend wiederholen. Insgesamt 31-mal wiederholen, dann noch 1 x Reihe 1 und 2 in Bordeaux arbeiten und die Arbeit beenden. Für die Rüschenkante mit Erdbeere 3 Wendeluftmaschen (= 1. Stäbchen) und 112 Stäbchen (= 1. Reihe der Rüsche) häkeln. 1 Wendeluftmasche und die 1. feste Masche in das 1. Stäbchen der Vorreihe häkeln und noch 112 feste Maschen arbeiten (= 2. Reihe der Rüsche). 3 Wendeluftmaschen häkeln (= 1. Stäbchen), 4 weitere Stäbchen in die letzte feste Masche der Vorreihe häkeln. In jede weitere feste Masche 5 Stäbchen häkeln (= 1 Rüsche). Für die 2. Rüsche mit Pink den Faden neu ansetzen. 3 Wendeluftmaschen aus der 1. festen Masche der 1. Rüsche häkeln (= 1. Stäbchen), um jede feste Masche der 1. Rüsche 1 Stäbchen häkeln (= 113 Stäbchen insgesamt = 1. Reihe der 2. Rüsche). Die 2. und 3. Reihe der Rüsche wie bei der 1. Rüsche arbeiten. Für die 3. Rüsche mit Bordeaux den Faden neu ansetzen und genau wie die 2. Rüsche arbeiten. Die 3 Rüschen an der Gegenseite der Stola genauso arbeiten.

FERTIGSTELLUNG
Alle Fäden vernähen. Wenn gewollt, Stola spannen, anfeuchten und trocknen lassen oder vorsichtig dämpfen.

WICHTIG
Immer mal wieder die Maschenzahl kontrollieren!

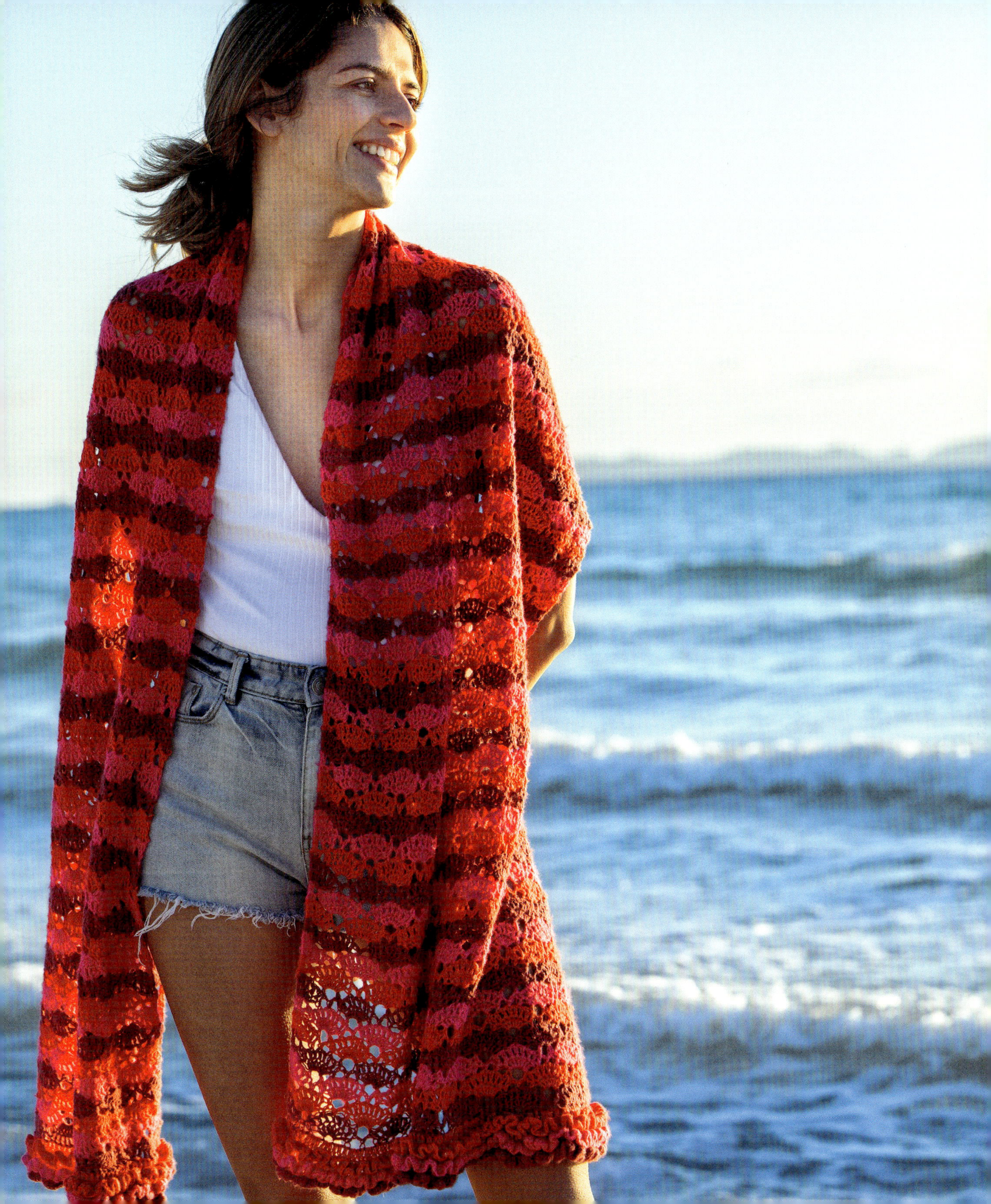

HÄKELSCHRIFT BOGENMUSTER

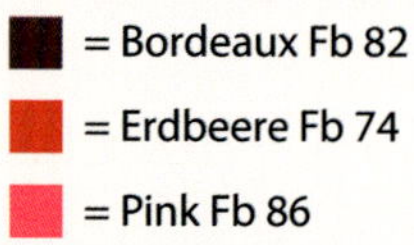

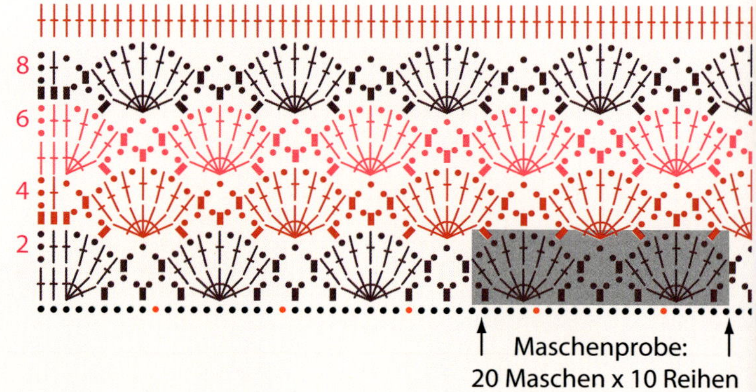

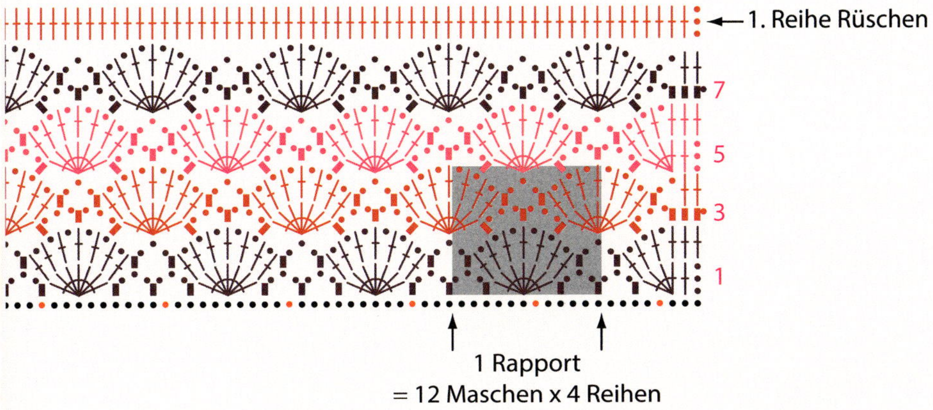

ZEICHENERKLÄRUNG

- • = 1 Luftmasche
- ▮ = 1 Feste Masche
- ǂ = 1 Stäbchen
- (Fächer-Symbol) = 5 Stäbchen in eine Einstichstelle

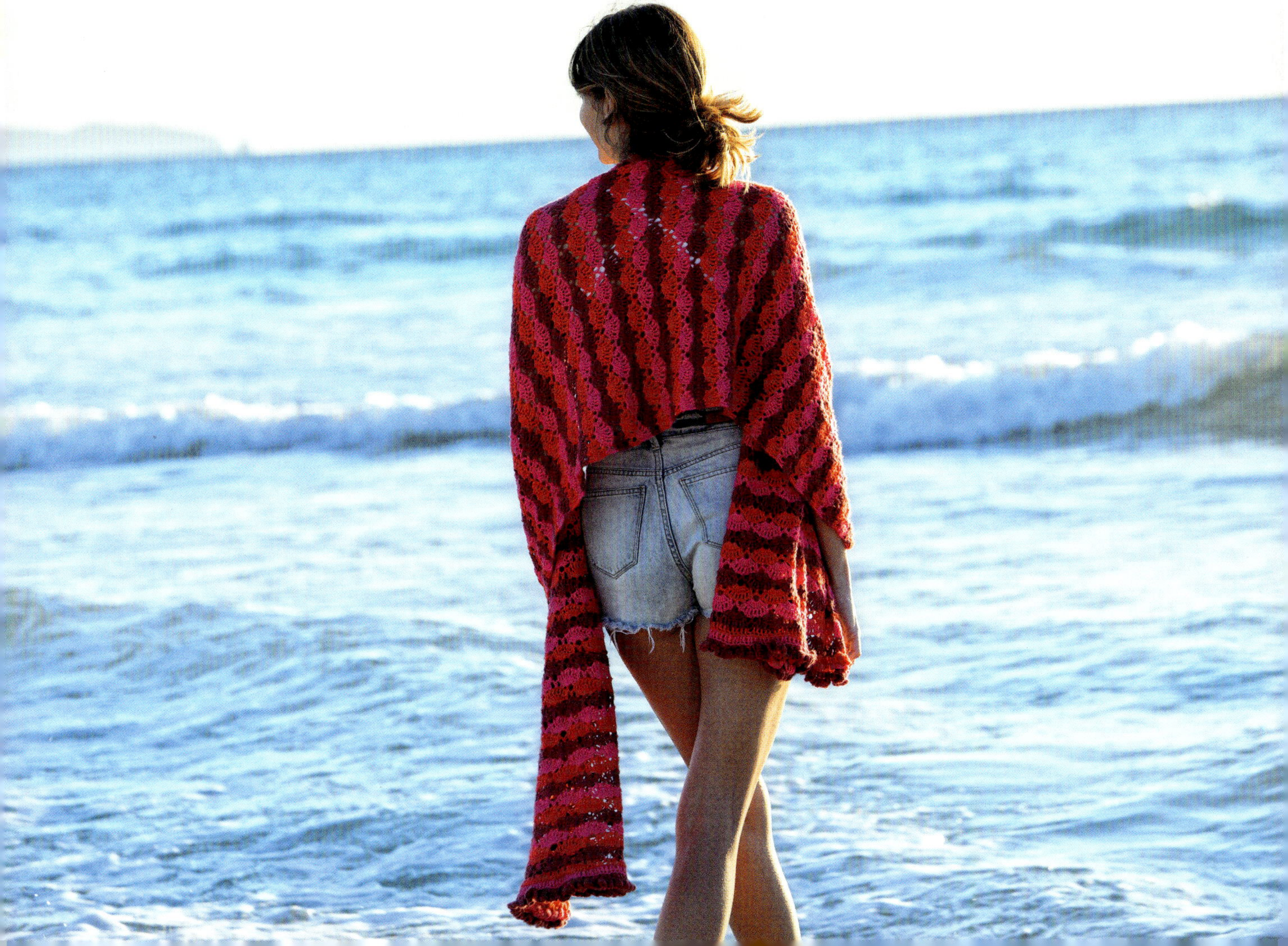

FARBRAUSCH

Stola im Zickzackmuster

SCHWIERIGKEITSGRAD: ●●●

GRÖSSE
ca. 48 cm x 175 cm (Breite mal Länge)

MATERIAL
- Lana Grossa „Per Fortuna " (74 % Bio Baumwolle, 26 % Polyamid, LL 190 m/50 g) 150 g Rot (Fb 02), 50 g Orange (Fb 11), 150 g Pink (Fb 03), 50 g Rost (Fb 01)
- Häkelnadel 4,5 mm

ZICKZACKMUSTER
Nach der Häkelschrift in Reihen arbeiten.
Es sind alle Maschen, die Hin- und Rückreihen und die Farbfolge gezeichnet.

MASCHENPROBE
Im Zickzackmuster in der Häkelschrift grau unterlegt
1 Rapport = 17 Maschen x 22 Reihen = 8 cm x 24 cm

ANLEITUNG
108 Luftmaschen + 3 Wendeluftmaschen mit Nadel 4,5 in Rot anschlagen. Das erste Stäbchen in die 5. Luftmasche ab der Nadel häkeln. Sofort mit der 1. Reihe der Häkelschrift beginnen. Die 1.–22. Reihe nach der Häkelschrift in der Farbfolge arbeiten. Danach den Rapport 6 x wiederholen. Noch 1 x 1.–7. Reihe (= roter Farbstreifen) häkeln und die Arbeit beenden (= 162 Reihen insgesamt).

FERTIGSTELLUNG
Alle Fäden vernähen. Wenn gewollt, Stola spannen, anfeuchten und trocknen lassen oder vorsichtig dämpfen.

WICHTIG
Immer mal wieder die Maschenzahl kontrollieren!

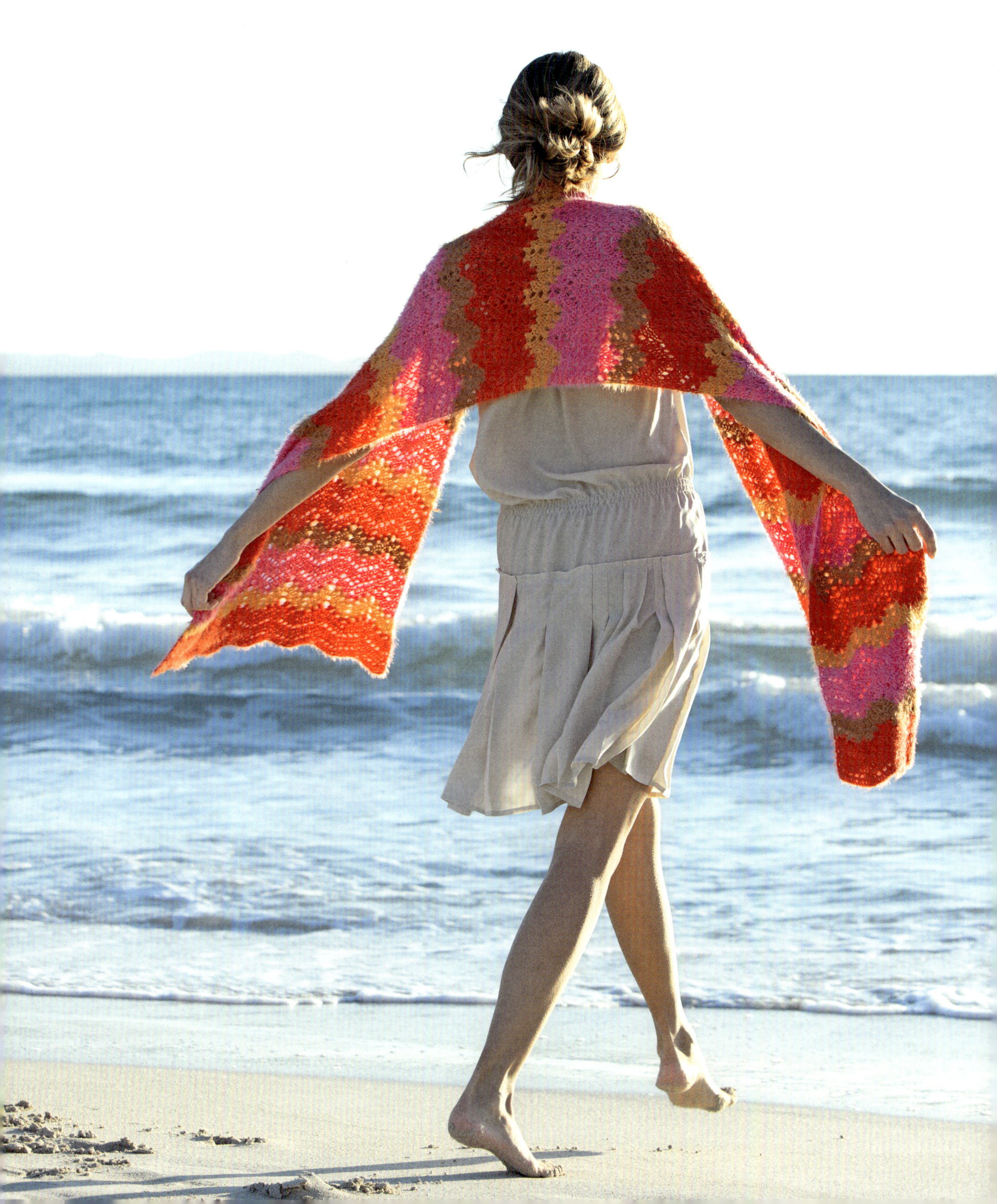

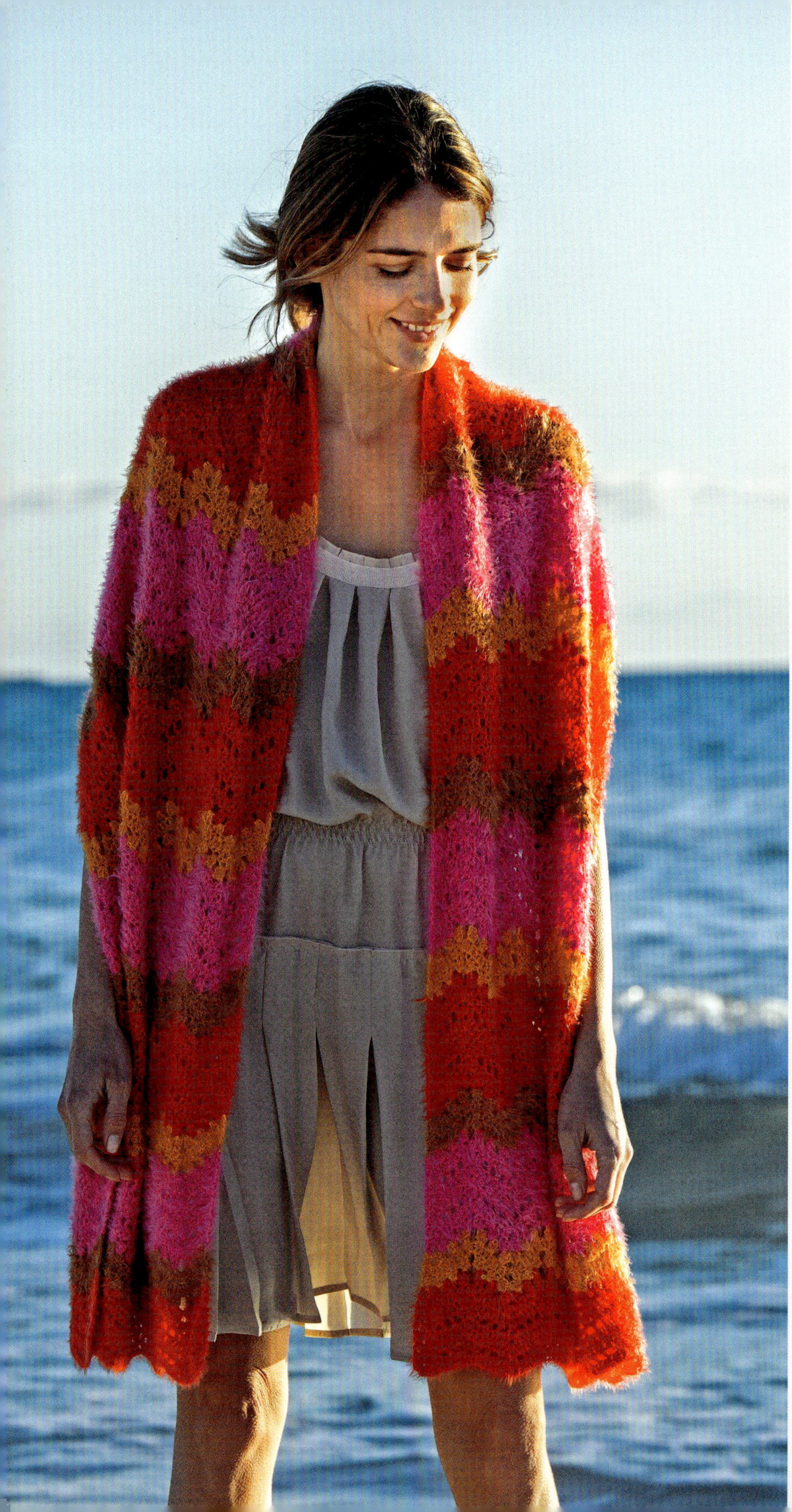

HÄKELSCHRIFT BOGENMUSTER

- = Rot Fb 02
- = Orange Fb 11
- = Pink Fb 03
- = Rost Fb 01

ZEICHENERKLÄRUNG

- • = 1 Luftmasche
- = 1 Stäbchen
- = 3 Stäbchen in eine Einstichstelle

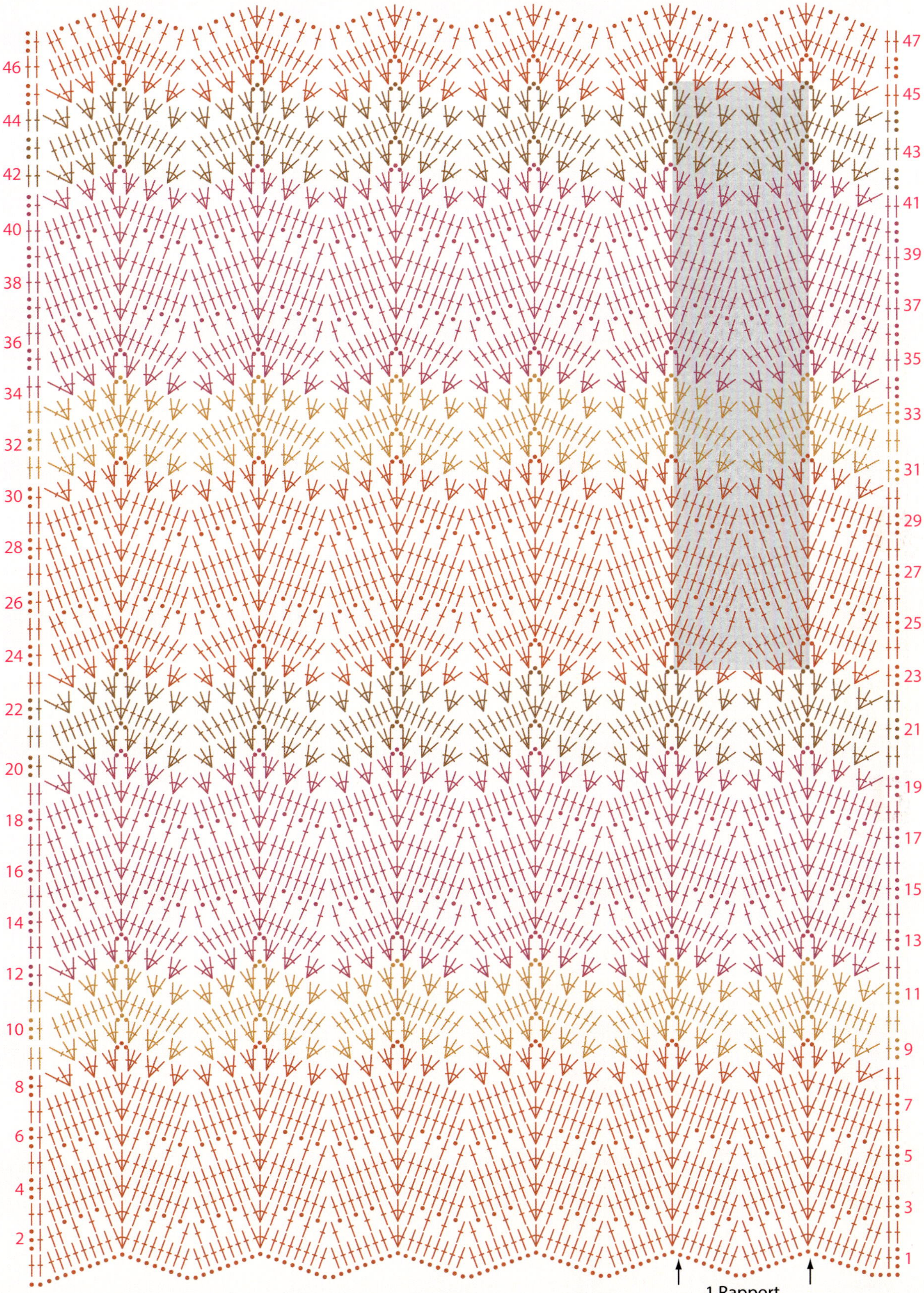

108 Luftmaschen anschlagen + 3 Wende-Luftmaschen

1 Rapport
= 17 Maschen x 22 Reihen

TANGO

Stola aus Riesengrannies mit Korkenzieherfransen

SCHWIERIGKEITSGRAD: ●●●

GRÖSSE
ca. 60 cm x 200 cm (Breite mal Länge) ohne Fransen

MATERIAL
- Lana Grossa „Gomitolo Versione" (60 % Schurwolle, 40 % Polyacryl, LL 700 m/200 g) 400 g Lachs/Gelb/Olivbraun/Aubergine/Fuchsia/Pink (Farbe 418)
- Lana Grossa „Silkhair" (70 % Mohair, 30 % Seide, LL 210 m/25 g) 50 g Erdbeerrot (Farbe 147), 50 g Magnolie (Farbe 75)
- Häkelnadel 4,0 mm

HÄKELQUADRAT
Nach der Häkelschrift arbeiten. Es sind alle Maschen und die Hin- und Rückreihen gezeichnet.1x 1.–15. Reihe arbeiten dann 3x die 6.–15. Reihe wiederholen.

KORKENZIEHERFRANSEN
18 Luftmaschen mit 1 Faden Silkhair anschlagen, wenden, je 3 Stäbchen in die 4. Luftmasche und in die folgenden 12 Luftmaschen, 1 halbes Stäbchen in die folgende Luftmasche und 1 feste Masche in die 1. Luftmasche der 18 Luftmaschen. Mit beiden Fäden Silkhair 4 feste Maschen in die folgenden 4 Stäbchen häkeln.

FARBFOLGE
*2 Reihen Magnolie (Farbe 75), 3 Reihen Lachs/Gelb/Olivbraun/Aubergine/Fuchsia/Pink (Farbe 418), 2 Reihen Erdbeerrot, 3 Reihen Lachs/Gelb/Olivbraun/Aubergine/Fuchsia/Pink (Farbe 418) * von * bis* stets wiederholen.

MASCHENPROBE
14 M x 8 R = 10 x 10 cm

ANLEITUNG
Für die Stola 3 Häkelquadrate nach der Häkelschrift arbeiten. 1x die 1.–15. Reihe arbeiten, dann die Reihen 6–15 noch 3x wiederholen (= 45 Reihen). Abschließend noch 1 Reihe Stäbchen häkeln und das Quadrat nach 46 Reihen beenden. Die 3 Quadrate nach dem Schema zusammenfügen. Die gesamte Stola mit 1 Runde Stäbchen in „Gomitolo" umhäkeln, dabei in die Ecken jeweils 3 Stäbchen arbeiten. Für die Fransenkante an den schmalen Seiten 90 Stäbchen mit je 1 Faden Silkhair in Magnolie und Erdbeerrot heraushäkeln. 1 Wendeluftmasche und 1 feste Masche häkeln, dann die 1. Korkenzieherfranse mit 1 Faden Magnolie arbeiten. Dafür 18 Luftmaschen anschlagen, wenden, je 3 Stäbchen in die 4. Luftmasche ab der Nadel und in die folgenden 12 Luftmaschen häkeln, 1 halbes Stäbchen in die vorletzte Luftmasche und 1 feste Masche in die 1. der 18 Luftmaschen. Mit beiden Fäden Silkhair 4 feste Maschen häkeln. Die 2. Korkenzieherfranse mit 1 Faden Erdbeerrot arbeiten. Mit beiden Fäden Silkhair 4 feste Maschen in die folgenden 4 Stäbchen häkeln. Auf diese Weise fortfahren und insgesamt 23 Korkenzieherfransen häkeln. Mit 1 Franse in Magnolie enden. Die Fransenkante an der zweiten Schmalseite genauso arbeiten.

FERTIGSTELLUNG
Alle Fäden vernähen. Wenn gewollt, Stola spannen, anfeuchten und trocknen lassen oder vorsichtig dämpfen.

WICHTIG
Immer mal wieder die Maschenzahl kontrollieren!

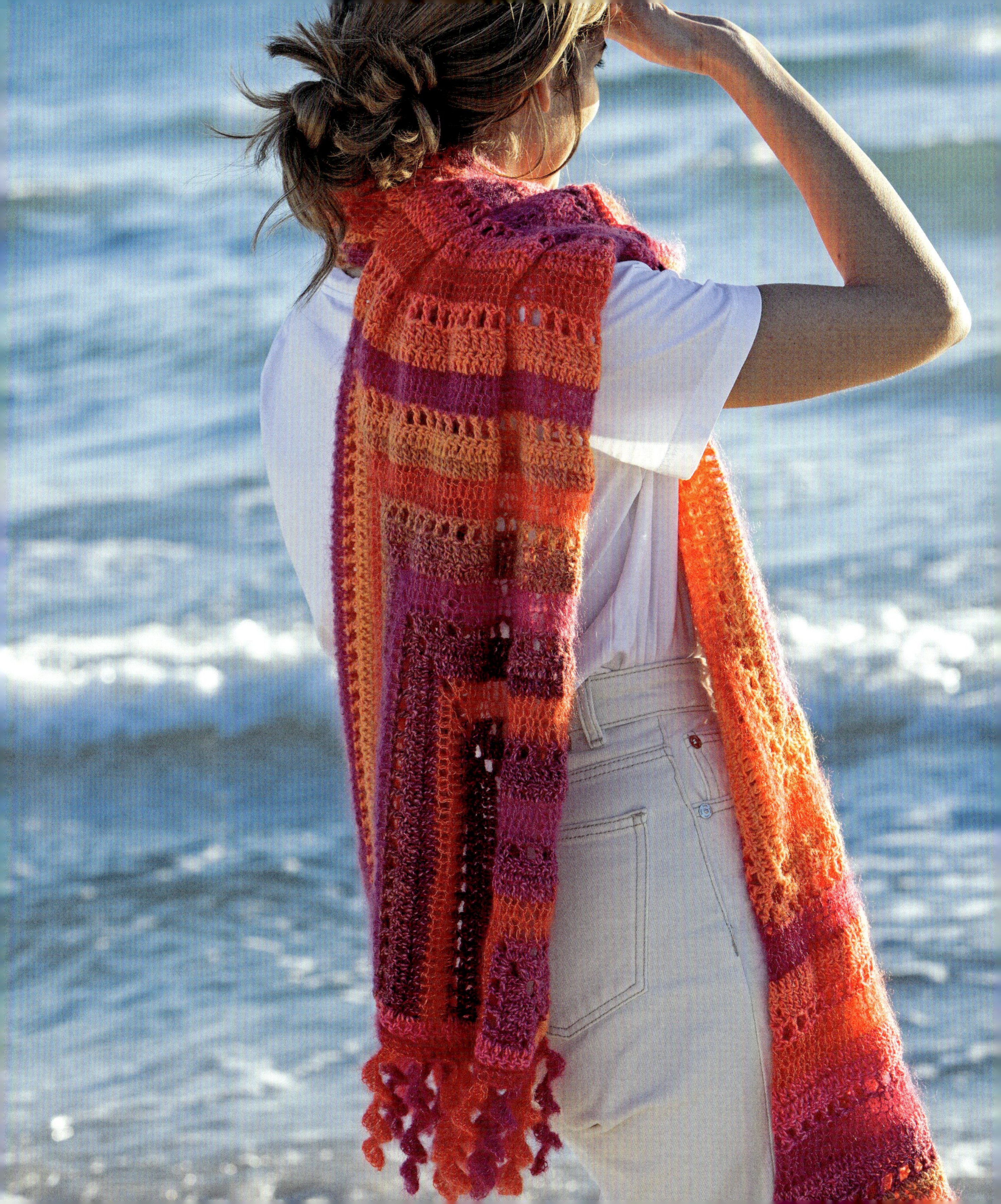

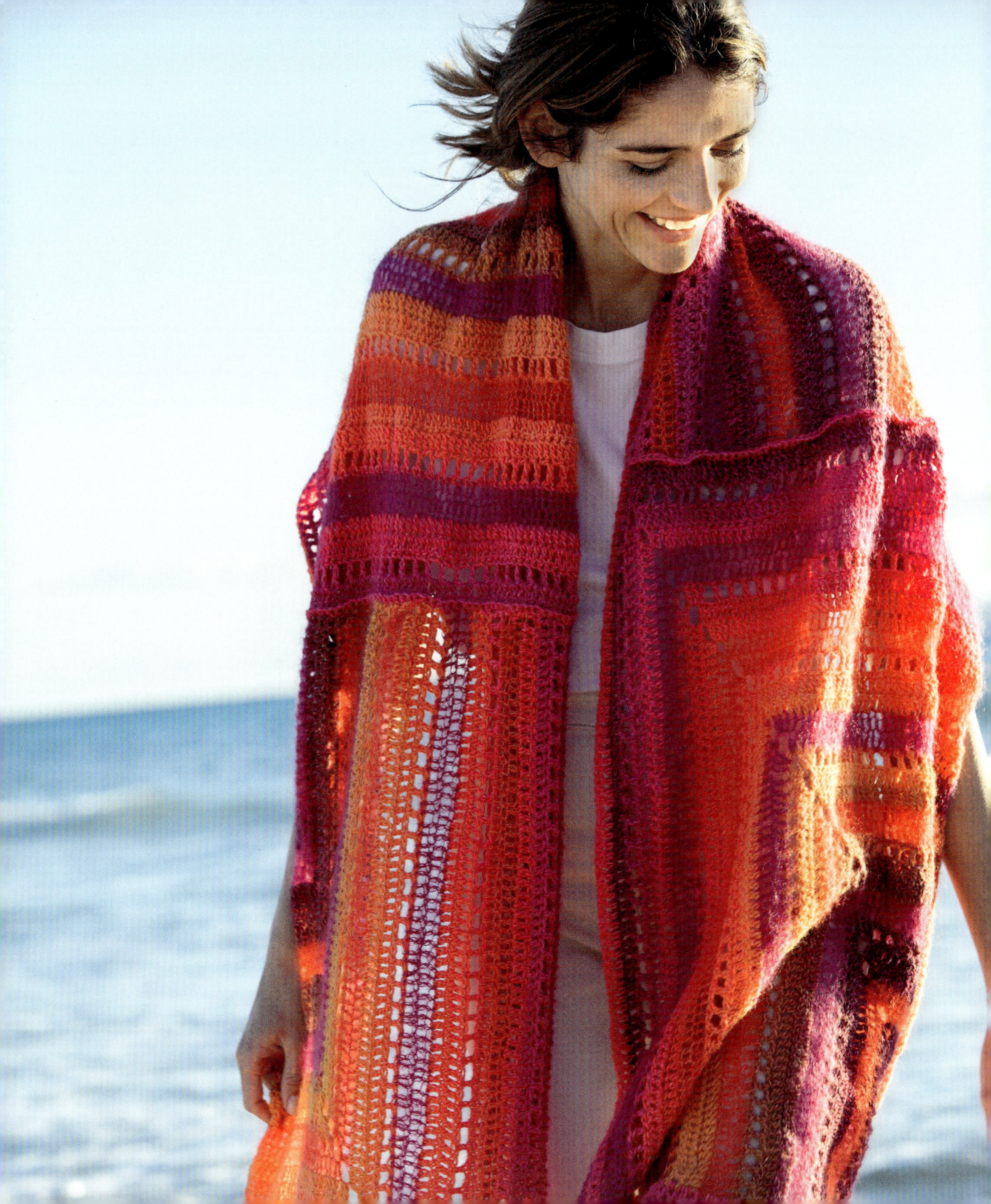

HÄKELSCHRIFT QUADRAT

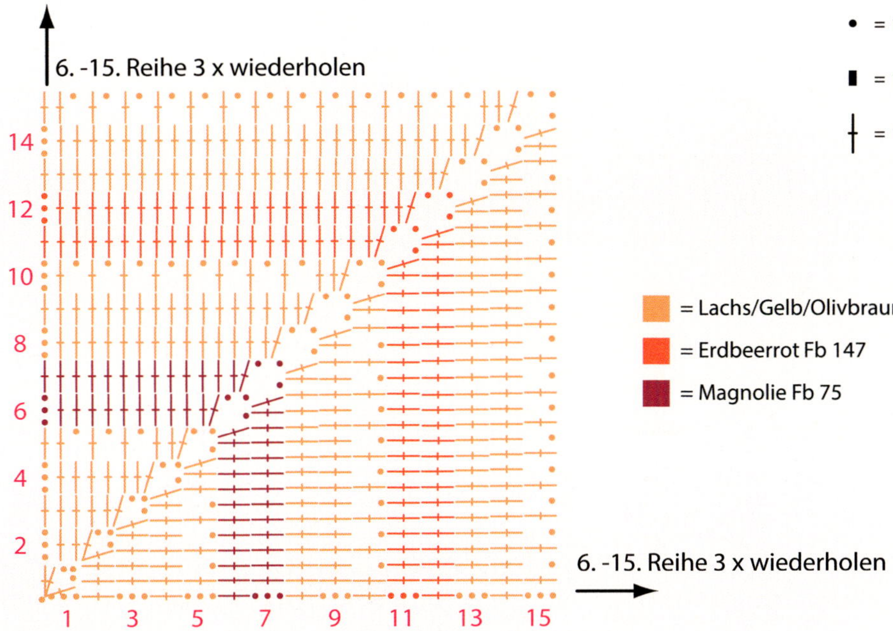

ZEICHENERKLÄRUNG

• = 1 Luftmasche

▮ = 1 Feste Masche

┼ = 1 Stäbchen

= Lachs/Gelb/Olivbraun/Aubergine/Fuchsia/Pink Fb 418

= Erdbeerrot Fb 147

= Magnolie Fb 75

SCHEMA ANORDNUNG QUADRATE

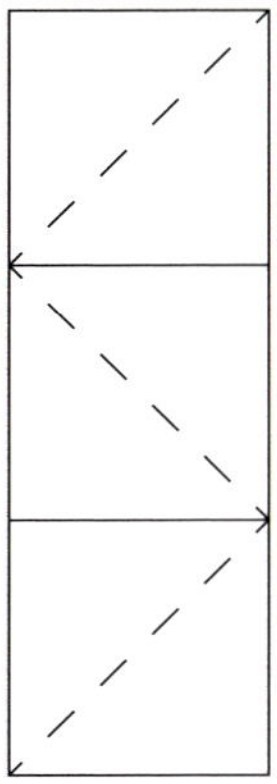

WOLKE

Stola im Grafikmuster

SCHWIERIGKEITSGRAD: ●●●

GRÖSSE

ca. 60 cm x 200 cm (Breite mal Länge) ohne Fransen

MATERIAL

- Lana Grossa „Setasuri“ (69 % Alpaka (Suri), 31 % Seide, LL 212 m/25 g) 175 g Creme (Fb 02)
- Häkelnadel 4,0 mm

GRAFIKMUSTER

Es sind alle Maschen und die Hin- und Rückreihen gezeichnet. Mit 2 Reihen Stäbchen beginnen, die 1.–8. Reihe stets wiederholen und mit 2 Reihen Stäbchen enden.

MASCHENPROBE

30 Maschen x 8 Reihen = 14 x 10 cm

ANLEITUNG

124 Luftmaschen + 3 Wendeluftmaschen anschlagen. Das erste Stäbchen in die 5. Luftmasche ab der Häkelnadel häkeln. In jede weitere Luftmasche des Anschlags 1 Stäbchen arbeiten (= 124 Stäbchen = 1. Reihe). Noch 1 Reihe Stäbchen häkeln, dann mit der 1. Reihe des Zählmusters beginnen. Die 1.–8. Reihe des Zählmusters fortlaufend wiederholen. Nach 20 Mustersätzen (= 160 Reihen) noch 2 Reihen Stäbchen häkeln und die Arbeit beenden (= insgesamt 164 R).

FERTIGSTELLUNG

Alle Fäden vernähen. Wenn gewollt, Stola spannen, anfeuchten und trocknen lassen oder vorsichtig dämpfen. Am unteren und oberen Rand der Stola 10 cm lange Fransen einknüpfen, dafür 4 Fäden mit ca 20 cm Länge abschneiden. Jede Franse besteht aus 4 Fäden.

WICHTIG

Immer mal wieder die Maschenzahl kontrollieren!

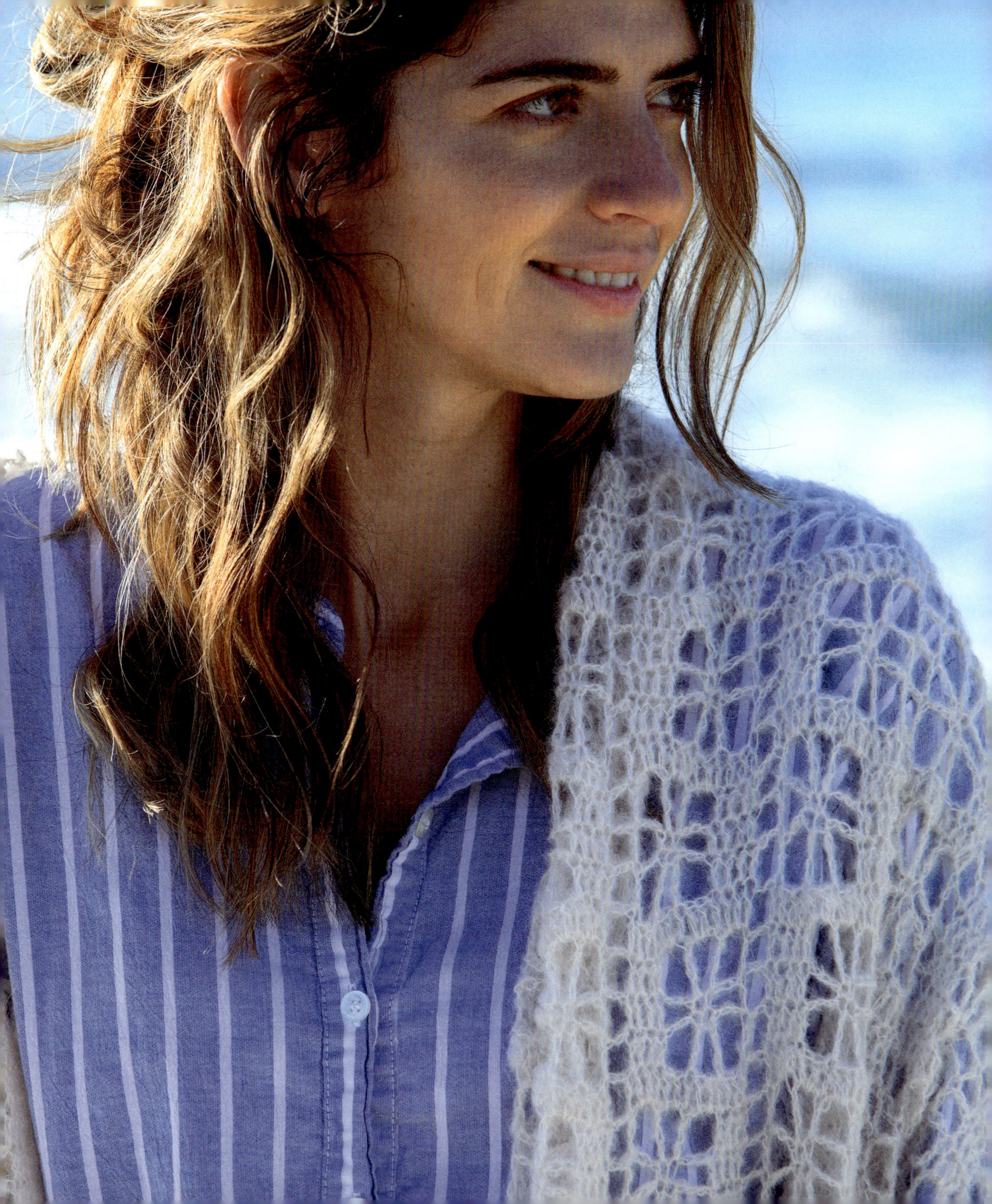

HÄKELSCHRIFT
GRAFIKMUSTER

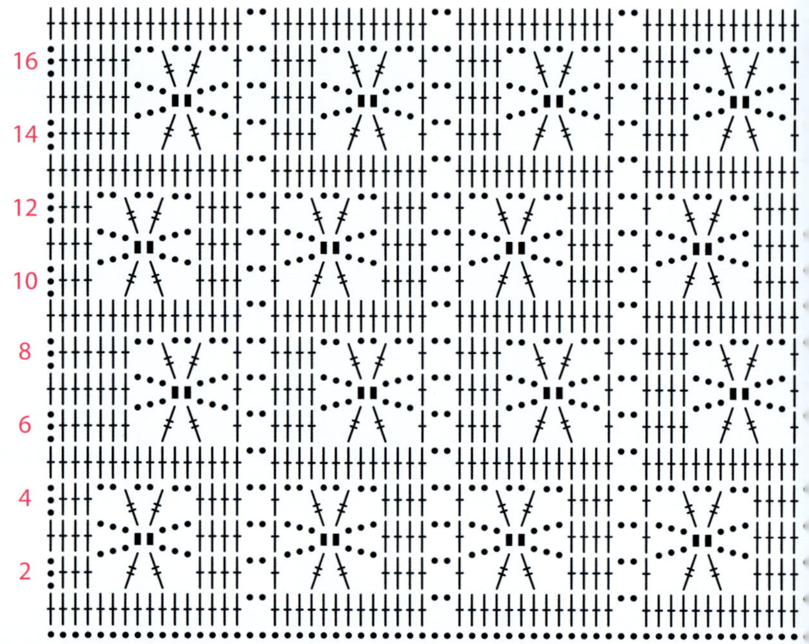

124 Luftmaschen anschlagen + 3 Wende-Luftmaschen

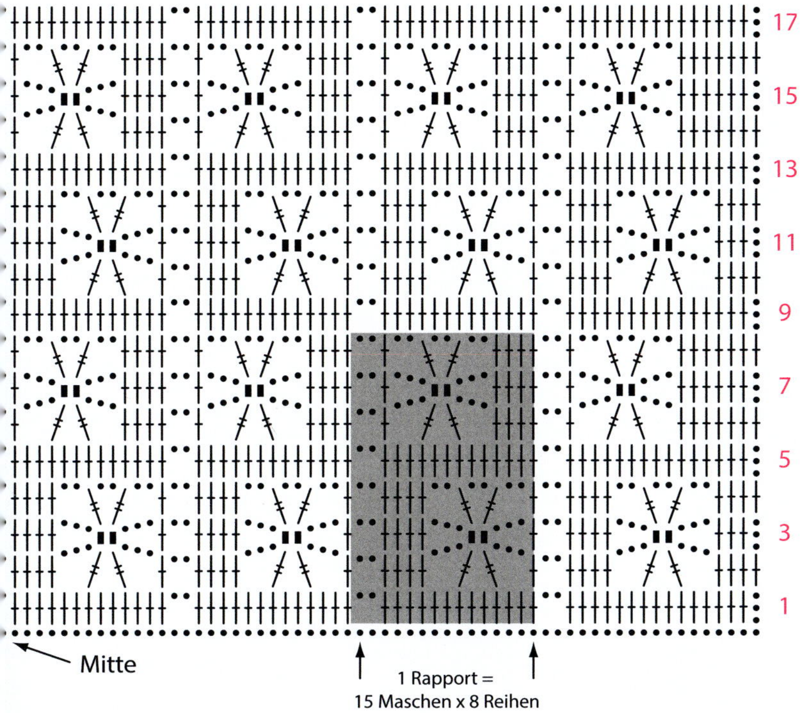

ZEICHENERKLÄRUNG

- • = 1 Luftmasche
- ▮ = 1 Feste Masche
- ┼ = 1 Stäbchen
- ╪ = 1 Doppelstäbchen

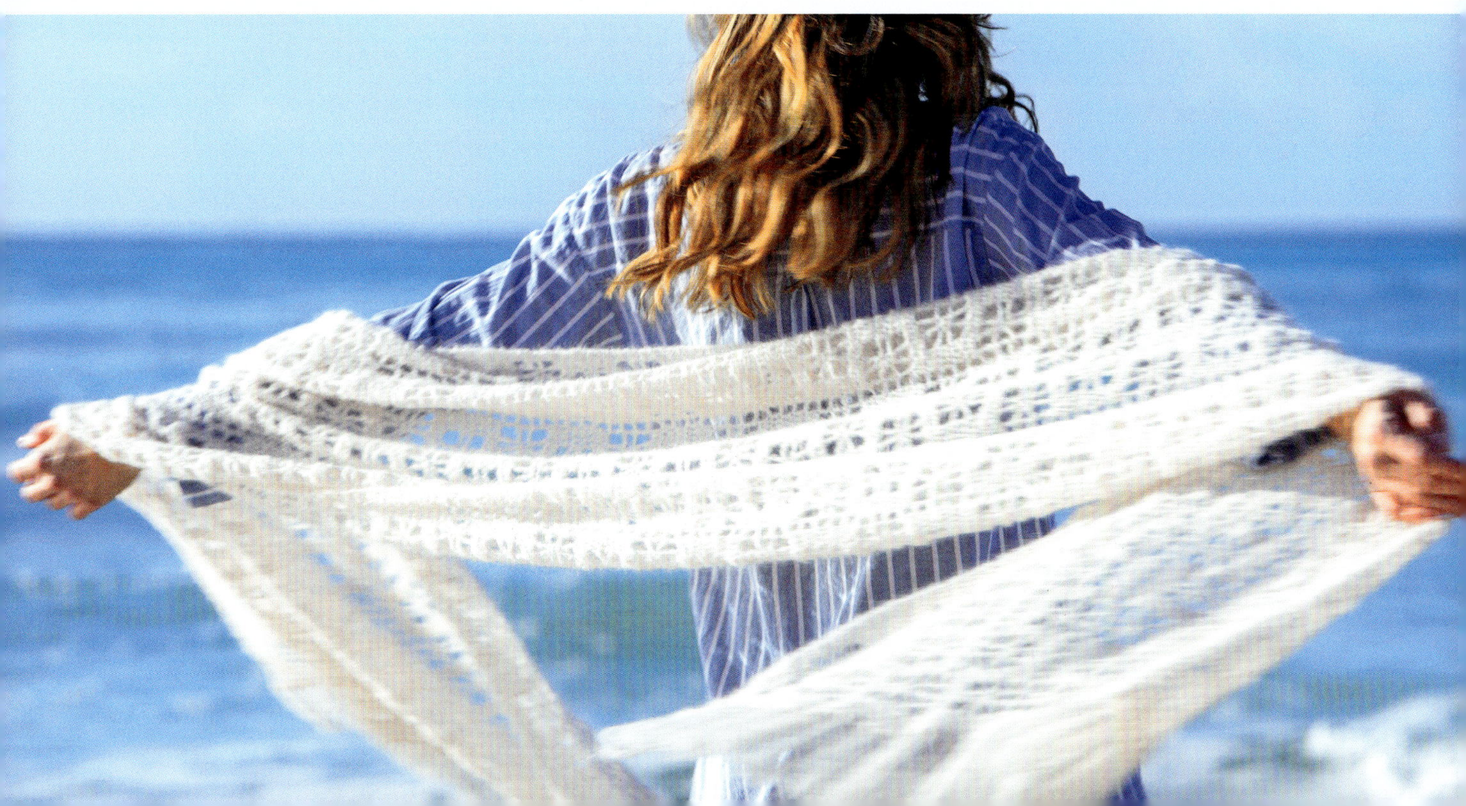

GRANNY-LOVE

Dreieckstuch aus Grannysquares

SCHWIERIGKEITSGRAD: ●●●

GRÖSSE
Einheitsgrösse ca. 180 cm x 85 cm (Breite mal Länge) ohne Quasten

MATERIAL
- Lana Grossa „Amoroso“ (33 % Schurwolle, 32 % Polyacryl, 14 % Seide, 14 % Baumwolle, 7 % Polyamid, LL 400 m/100 g) 300 g Zartblau/Rosa/Flieder/Sandgelb/Helloliv (Fb 02)
- Lana Grossa Häkelnadel 5,0 mm

HÄKELMOTIVE
Quadrat: 28 x nach Häkelschrift
Dreieck: 8 x nach Häkelschrift

MASCHENPROBE
1 Häkelquadrat = 15 x 15 cm

ANLEITUNG
Mit Nadel 5,0 28 Quadrate und 8 Dreiecke häkeln, die Fäden vernähen oder beim Häkeln mit einarbeiten. Die Quadrate wie im Schema angegeben, falls gewünscht farblich sortiert, anordnen und reihenweise zusammenhäkeln. Das gesamte Dreieckstuch mit festen Maschen umhäkeln. Über die obere Kante zusätzlich noch 1 Reihe Stäbchen häkeln. 3 Quasten mit ca. 10 cm Länge anfertigen und an die 3 Ecken nähen.

FERTIGSTELLUNG
Alle Fäden vernähen. Wenn gewollt, Dreieckstuch spannen, anfeuchten und trocknen lassen oder vorsichtig dämpfen.

WICHTIG
Immer mal wieder die Maschenzahl kontrollieren!

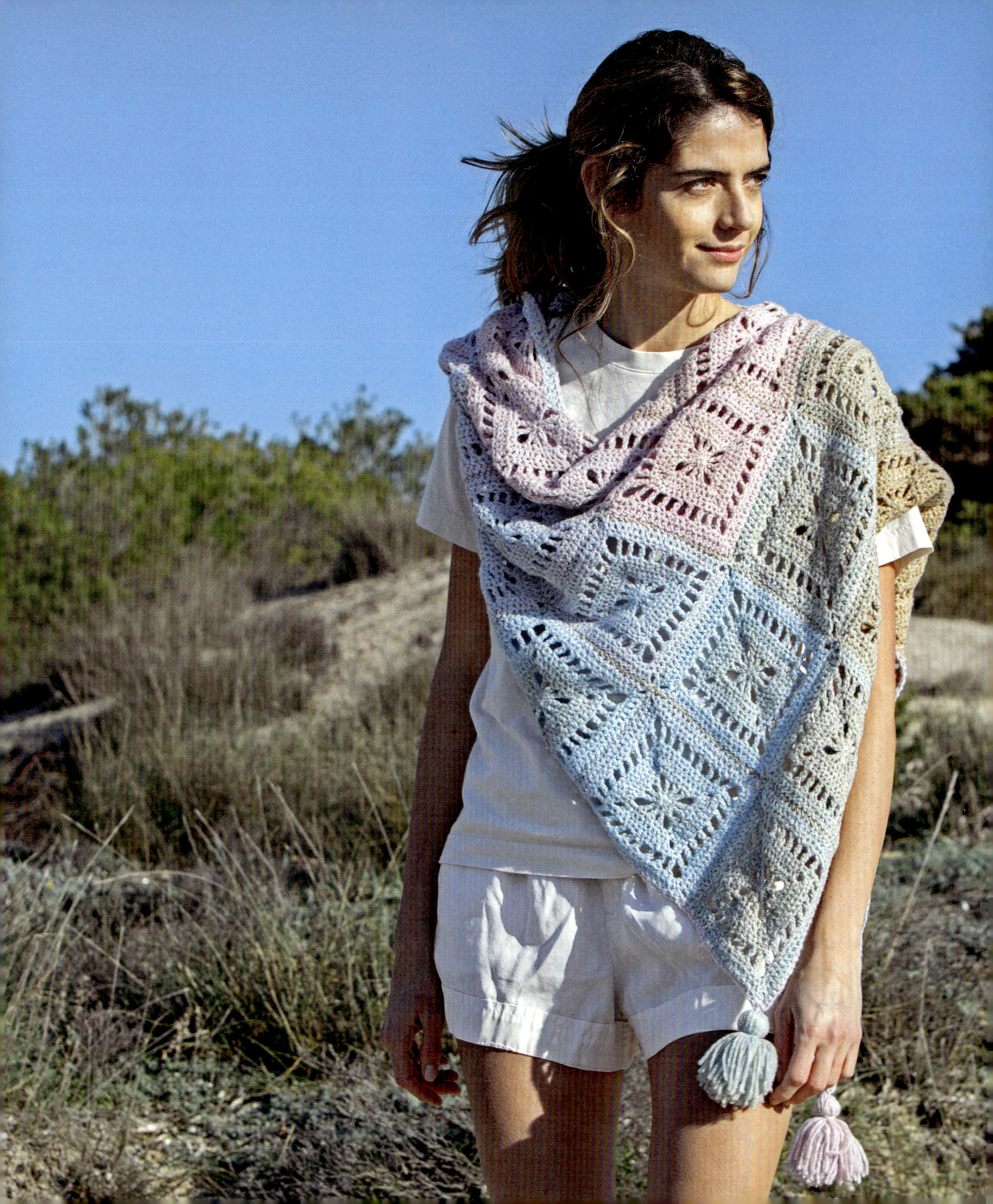

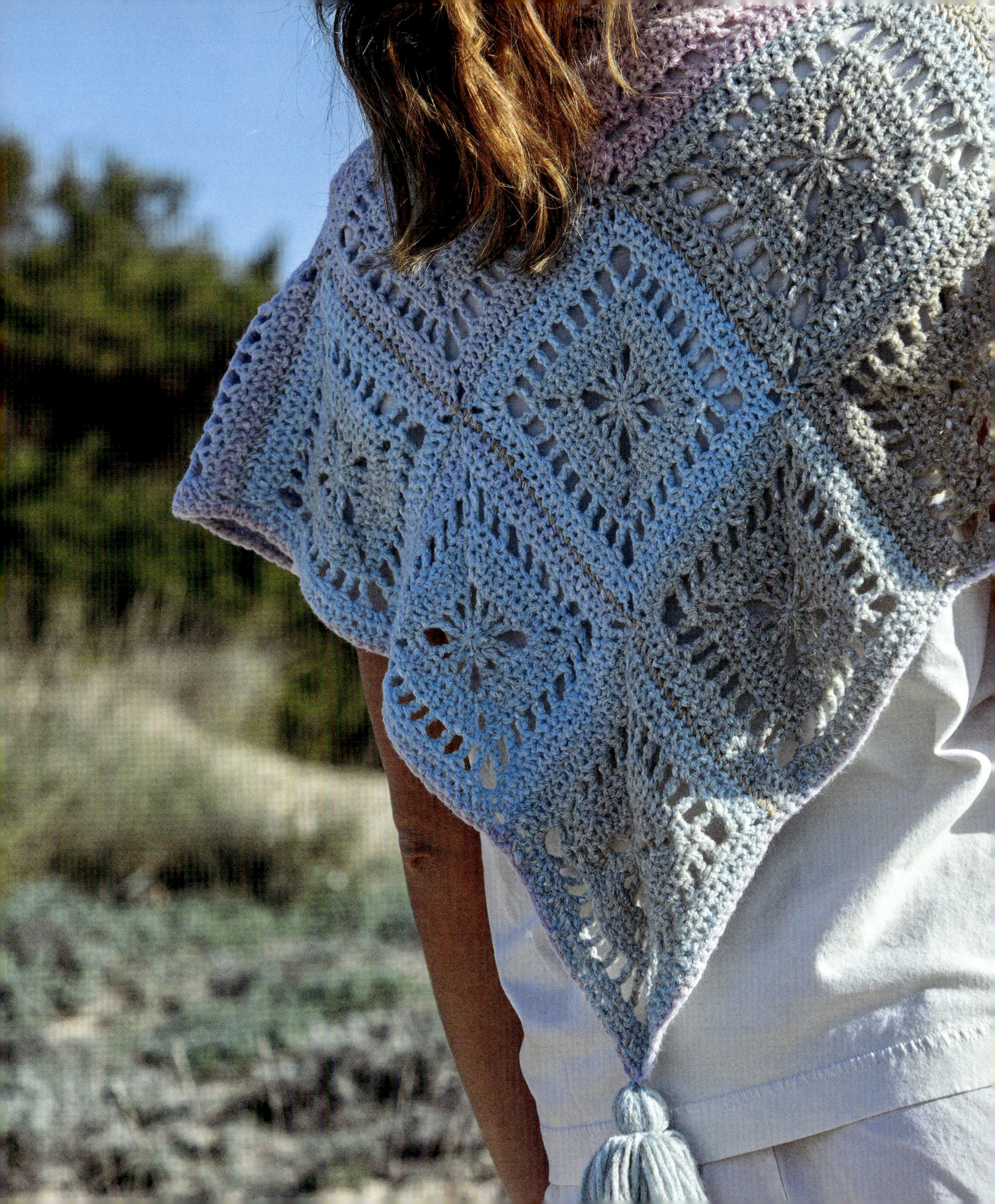

HÄKELSCHRIFT QUADRAT

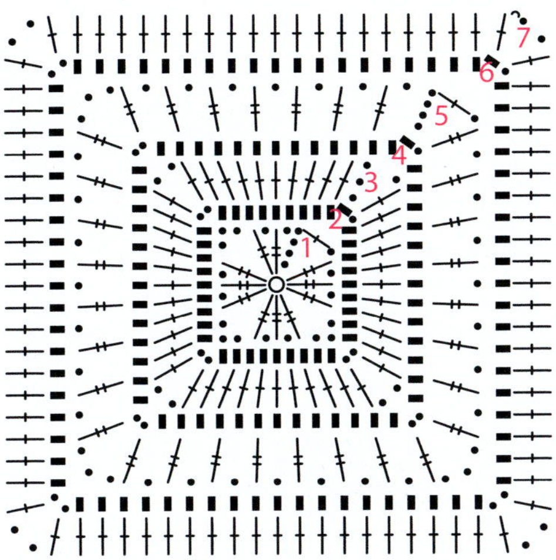

HÄKELSCHRIFT DREIECK

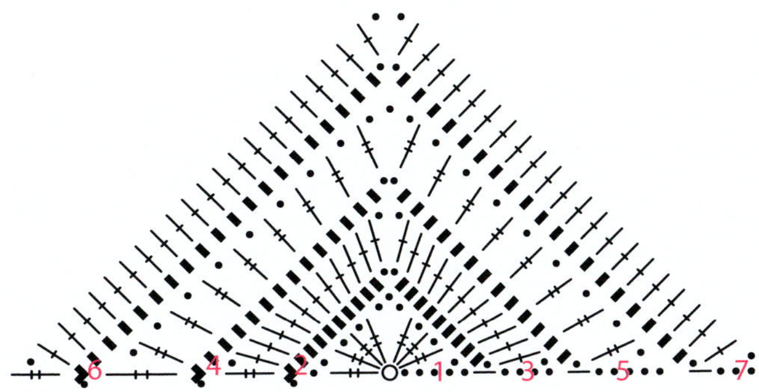

SCHEMA FÜR DIE ANORDNUNG DER HÄKELMOTIVE

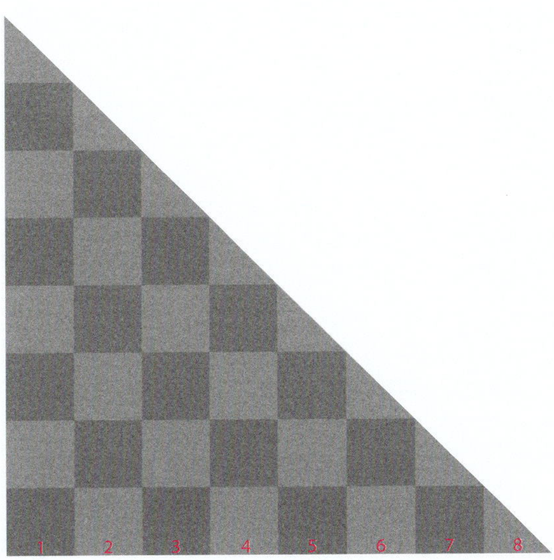

ZEICHENERKLÄRUNG

- • = 1 Luftmasche
- ▮ = 1 Feste Masche
- ❤ = 2 Feste Maschen in 1 Einstichstelle
- ⌒ = 1 Kettmasche
- ┼ = 1 Stäbchen
- │ = 1 halbes Stäbchen
- ╪ = 1 Doppel-Stäbchen
- ○ = Fadenring/Magic-Ring

HIMMELBLAU

Dreieckstuch mit zarter Rüsche

SCHWIERIGKEITSGRAD: ●●●

GRÖSSE
ca. 145 cm x 85 cm (Breite mal Länge) inklusive Rüsche

MATERIAL
- Pascuali „Sole " (90 % Baumwolle (Pima), 10 % Cashmere, LL 140 m/50 g) 300 g Horizont (Fb 41)
- Pascuali „Manada" (45 % Mohair (Superkid), 25 % Seide, 15 % Schurwolle (Merino), 15 % Yak, LL 200 m/25 g) 50 g Silber (Fb 200)
- Häkelnadel 4,0 mm

DREIECKSMUSTER
Nach der Häkelschrift arbeiten. Es sind Hin- und Rückreihen gezeichnet, 1x 1.–20. R arb, dann sinngemäß die 17. und 18. R stets wdh.

RÜSCHE
Wird in Runden gehäkelt, wird jede Runde mit 1 Kettmasche geschlossen.
1. Runde: Stäbchen
2. Runde: feste Maschen
3. Runde: in jede Masche 5 Stäbchen häkeln

MASCHENPROBE
18 M x 10 R = 10 x 10 cm

ANLEITUNG
Das Dreieckstuch nach der Häkelschrift an der Spitze mit Nadel 4,0 beginnen. Nach Reihe 1 die Zunahmen in der angegebenen Weise bis zum Ende der Arbeit fortführen. Ab der 2. Reihe den Rapport 40 x wiederholen und die Arbeit beenden (= 81 Reihen). Für die Rüsche ungefähr in der Mitte der Abschlusskante mit Manada neu ansetzen und mit 3 Steigeluftmaschen (= 1. Stäbchen) die 1. Runde beginnen. Das gesamte Tuch mit Stäbchen umhäkeln, dabei in die Eckmaschen jeweils 3 Stäbchen arbeiten, die Runde mit 1 Kettmasche schließen. Für die 2. Runde 1 Steigeluftmasche arbeiten und die 1. feste Masche in das 1. Stäbchen der Vorreihe häkeln in jede weitere Masche 1 feste Masche häkeln. Für die 3. und letzte Runde 3 Steigeluftmaschen häkeln (= 1. Stäbchen). 4 weitere Stäbchen in die erste feste Masche der Vorreihe häkeln. In jede weitere feste Masche 5 Stäbchen häkeln. Die Runde mit 1 Kettmasche schließen und die Arbeit beenden.

FERTIGSTELLUNG
Alle Fäden vernähen. Wenn gewollt, Dreieckstuch spannen, anfeuchten und trocknen lassen oder vorsichtig dämpfen.

WICHTIG
Immer mal wieder die Maschenzahl kontrollieren!

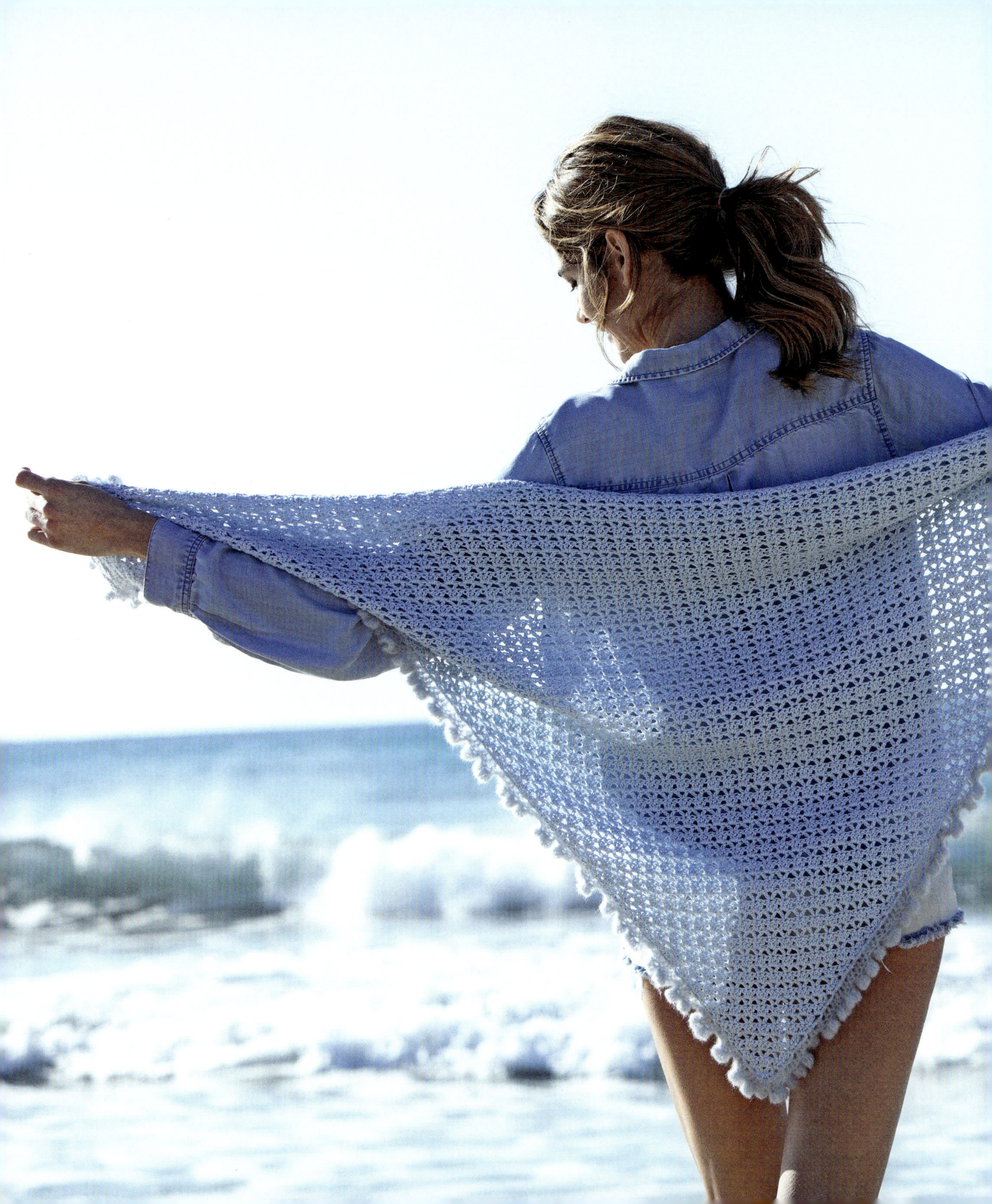

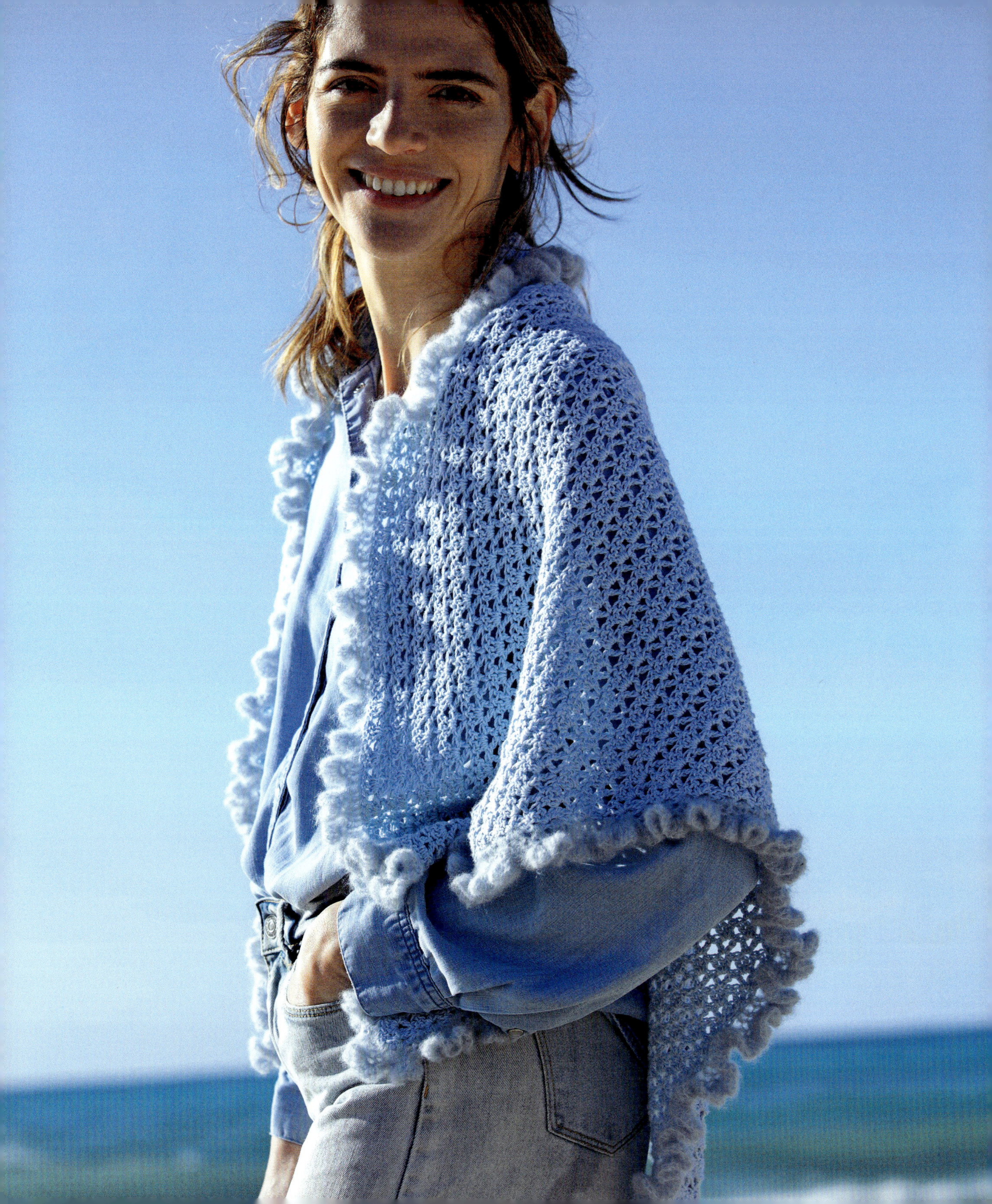

HÄKELSCHRIFT LOCHMUSTER

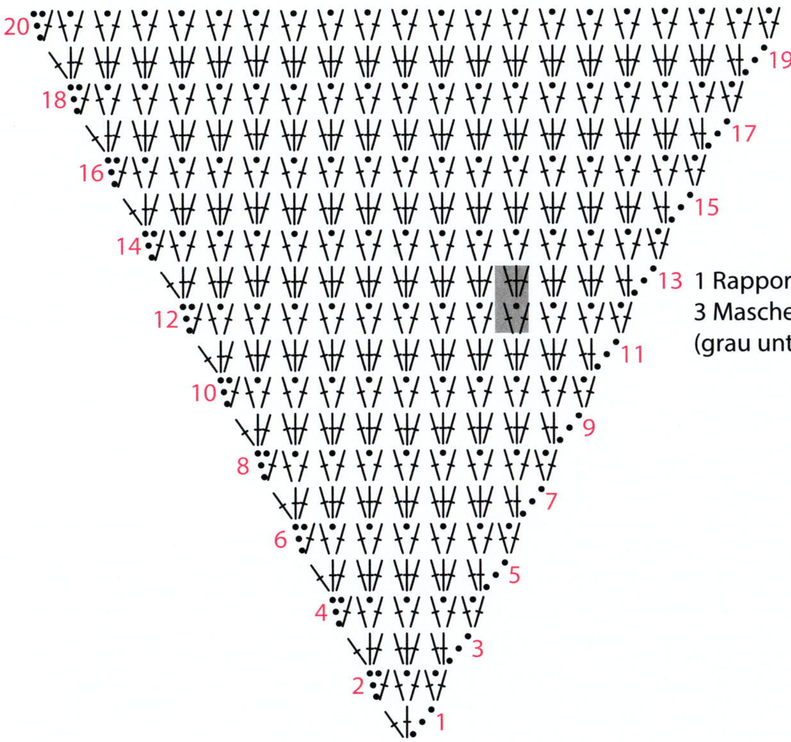

1 Rapport =
3 Maschen x 2 Reihen
(grau unterlegt)

ZEICHENERKLÄRUNG

• = 1 Luftmasche

 = 1 Stäbchen

FLAUSCH-TRAUM

Stola im Rautenmuster mit Quasten

SCHWIERIGKEITSGRAD: ●●●

GRÖSSE

ca. 85 cm x 220 cm (Breite mal Länge) ohne Quasten

MATERIAL

- Lana Grossa „Nuvoletta“ (42 % Baby Alpaca, 42 % Schurwolle Merino extrafine, 16 % Polyamid, Lauflänge 250 m/ 50 g) 300 g Pastelltürkis (Fb 09)
- Häkelnadel 5,0 mm

ZACKENMUSTER

Es sind alle Maschen und Hin- und Rückreihen gezeichnet. 1 x die 1.–4. Reihe arbeiten, dann die 5.–18. Reihe stets wiederholen.

MASCHENPROBE

1 Mustersatz (= 22 M x 14 R) = 17 x 23 cm (Breite x Länge)

ANLEITUNG

112 Luftmaschen + 3 Wendeluftmaschen anschlagen. Das erste Stäbchen in die 5. Luftmasche ab der Nadel häkeln. In jede weitere Luftmasche des Anschlags 1 Stäbchen arbeiten (= 112 Stäbchen insgesamt = 1. Reihe). Die Reihe 2–4 nach der Häkelschrift arbeiten (= 4 Reihen), dann mit der 1. Reihe des Zackenmusters beginnen. Die Reihe 5–18 insgesamt 8 x wiederholen, dann noch 1 x die 1. Reihe arbeiten (= 117 Reihen insgesamt). Jetzt noch Reihe 4, 3, 2 und 1 häkeln und die Arbeit nach insgesamt 121 Reihen beenden.

Die Zacken werden wie in der Häkelschrift angegeben an den beiden Schmalseiten angehäkelt.

FERTIGSTELLUNG

Alle Fäden vernähen. Wenn gewollt, Schal spannen, anfeuchten und trocknen lassen oder vorsichtig dämpfen. 10 Quasten mit ca. 12 cm Länge fertigen und an die Zackenenden nähen.

WICHTIG

Immer mal wieder die Maschenzahl kontrollieren!

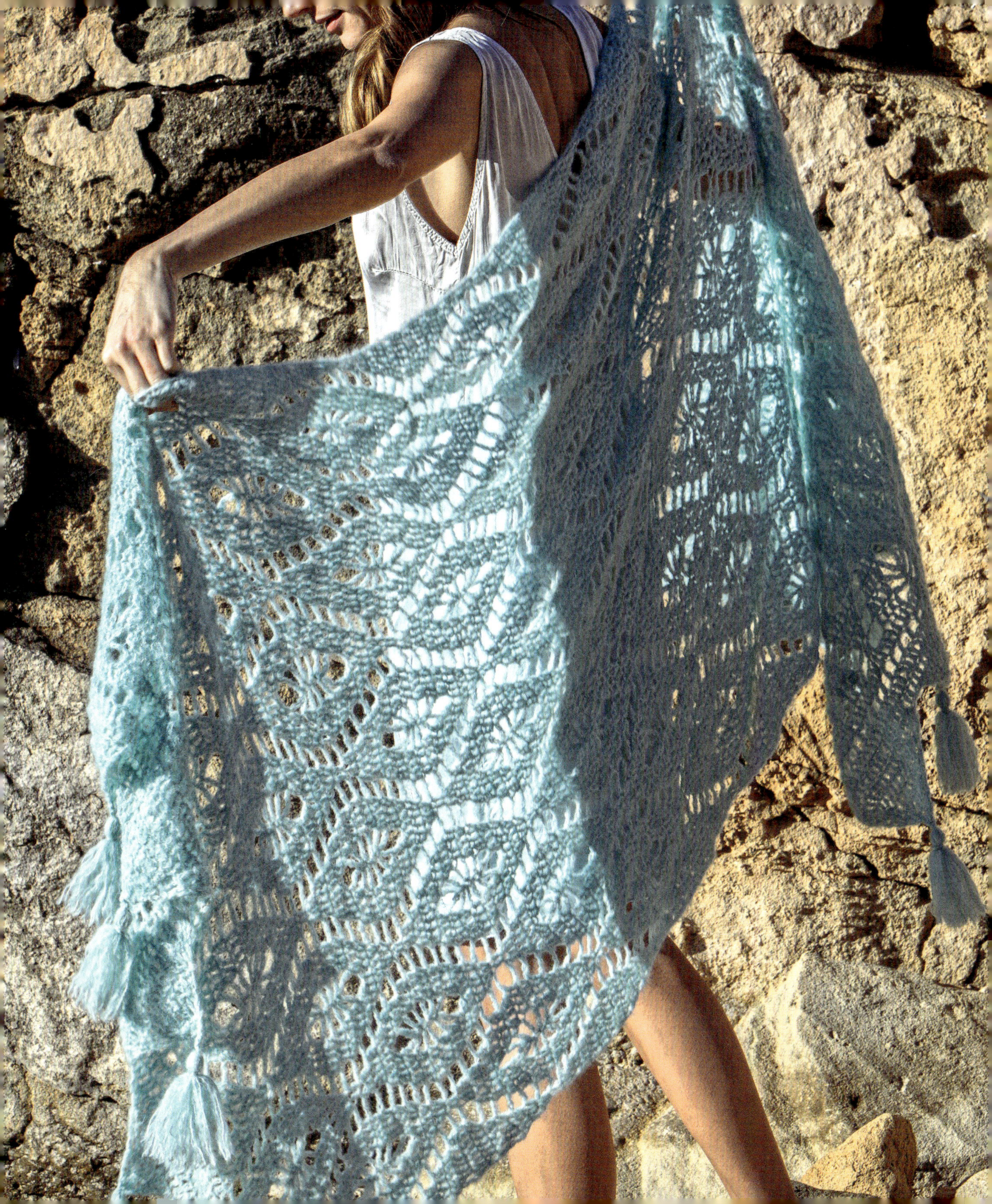

HÄKELSCHRIFT RAUTENMUSTER

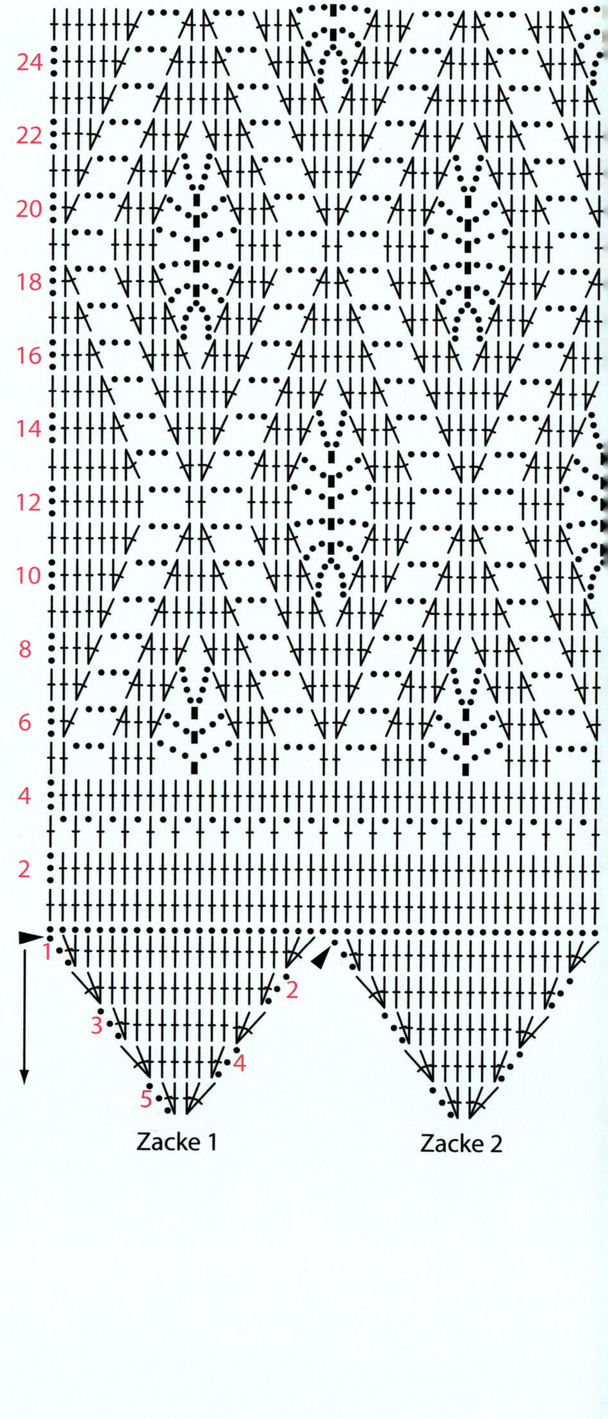

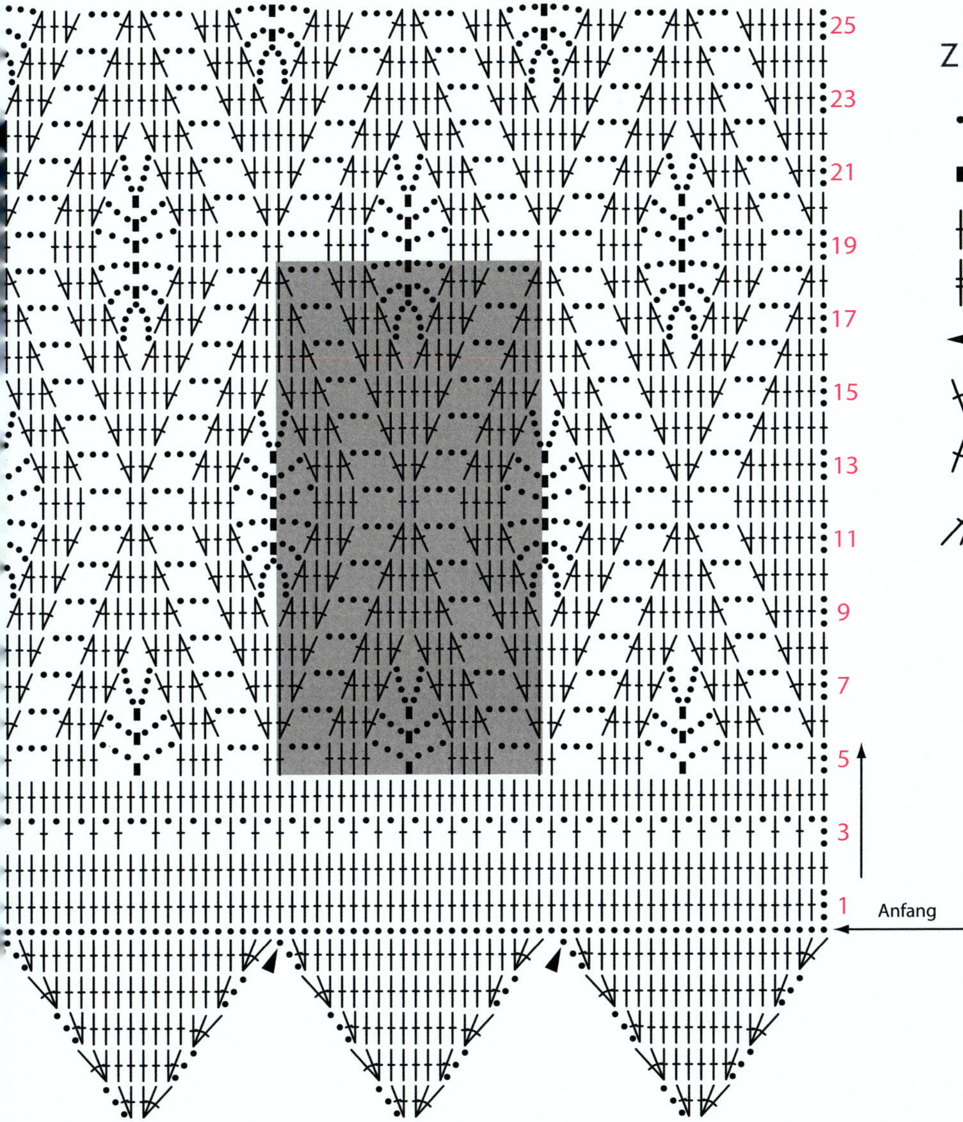

Zacke 3 Zacke 4 Zacke 5

1 Rapport =
22 Maschen x 14 Reihen
grau unterlegt

ZEICHENERKLÄRUNG

- • = 1 Luftmasche
- ▮ = 1 Feste Masche
- = 1 Stäbchen
- = 1 Doppelstäbchen
- ◀ = den Faden neu ansetzen
- = 2 Stäbchen in 1 Einstichstelle
- = 2 Stäbchen zusammen abmaschen
- = 3 Stäbchen zusammen abmaschen

NAVY

Stola mit Blockstreifen und breiter Borte

SCHWIERIGKEITSGRAD: ●●●

GRÖSSE
ca. 80 cm x 150 cm (Breite mal Länge)

MATERIAL
- Woll Butt Primo „Sophie“ (54 % Mohair, 46 % Polyamid, LL 155 m/25 g) 150 g Petrol (Farbe 286.58) und 150 g Mint (Farbe 272.58)
- Häkelnadel 4,0 mm

HÄKELBAND (2X)
17 Luftmaschen und 1 Wendeluftmasche anschlagen und nach Häkelschrift 1 1x die 1.–39. Reihe arbeiten. Es sind alle Maschen und Hin- und Rückreihen gezeichnet.

HÄKELBORTE (2X)
An eine Seitenkante des Häkelbandes nach Häkelschrift 2 1x 1.–12. Reihe anhäkeln. Es sind alle Maschen und Hin- und Rückreihen gezeichnet.

LOCHMUSTER
Aus einer Seitenkante des Häkelbandes in Mint 133 Stäbchen heraushäkeln und nach Häkelschrift 3 13 Streifen mit je 9 Reihen häkeln. In Mint beginnen und enden. Es sind alle Maschen und Hin- und Rückreihen gezeichnet.

MASCHENPROBE
Im Lochmuster 16 M x 9 R = 10 x 10 cm

ANLEITUNG
Die Stola wird in 5 Arbeitsschritten gehäkelt. Das 1. Häkelband nach Häkelschrift 1 in Petrol arbeiten. An eine Seitenkante des Bandes die Häkelborte nach Häkelschrift 2 anhäkeln. Das 2. Häkelband mit Häkelborte ebenso arbeiten. An die 2. Seitenkante das Lochmuster nach Häkelschrift 3 arbeiten, dabei mit Mint beginnen und enden. Insgesamt 13 Streifen mit je 9 Reihen häkeln. Das 1. Häkelband mit Borte an die gegenüberliegende Seite annähen.

FERTIGSTELLUNG
Alle Fäden vernähen. Wenn gewollt, die Stola spannen, anfeuchten und trocknen lassen oder vorsichtig dämpfen.

WICHTIG
Immer mal wieder die Maschenzahl kontrollieren!

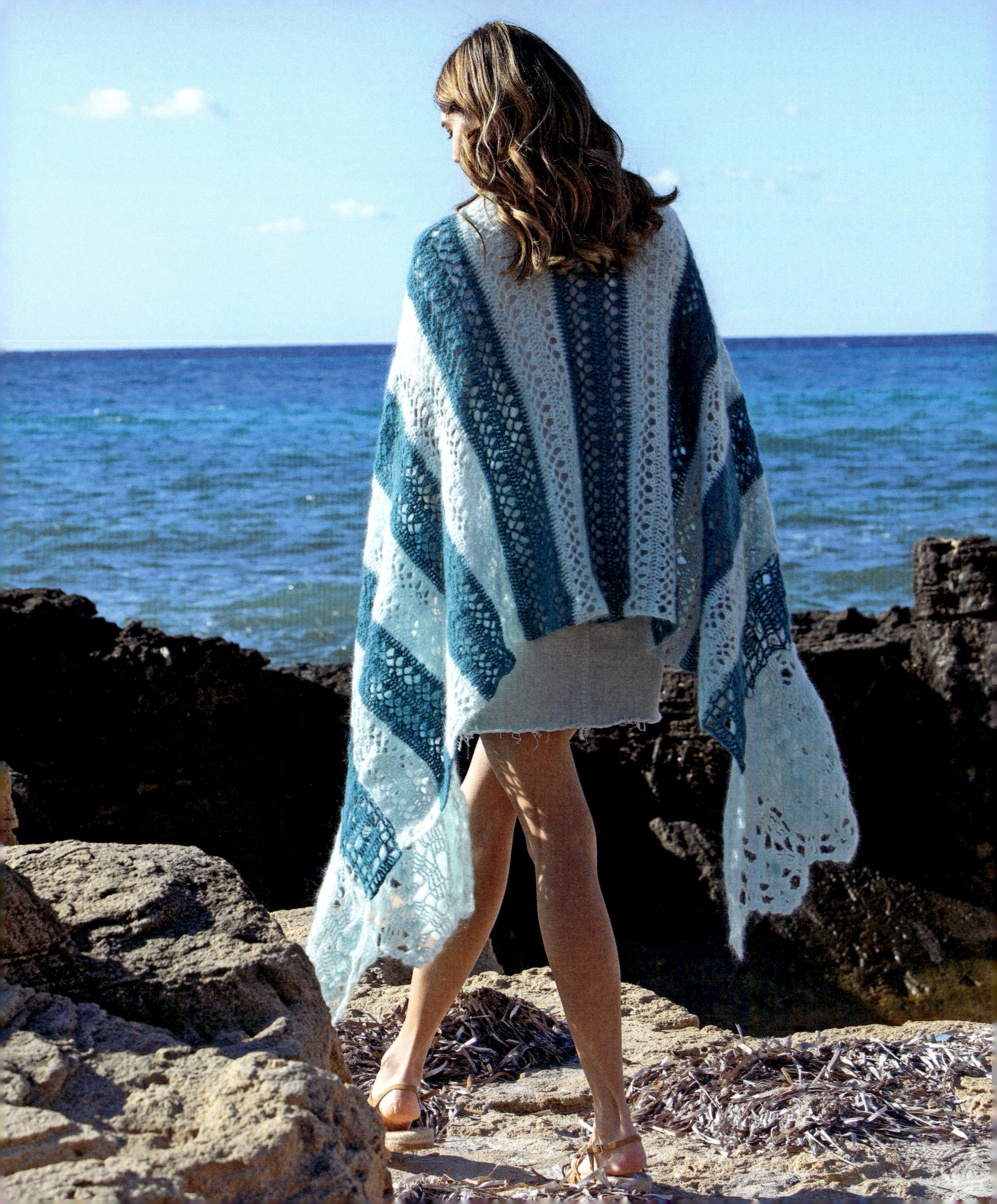

HÄKELSCHEMA 1

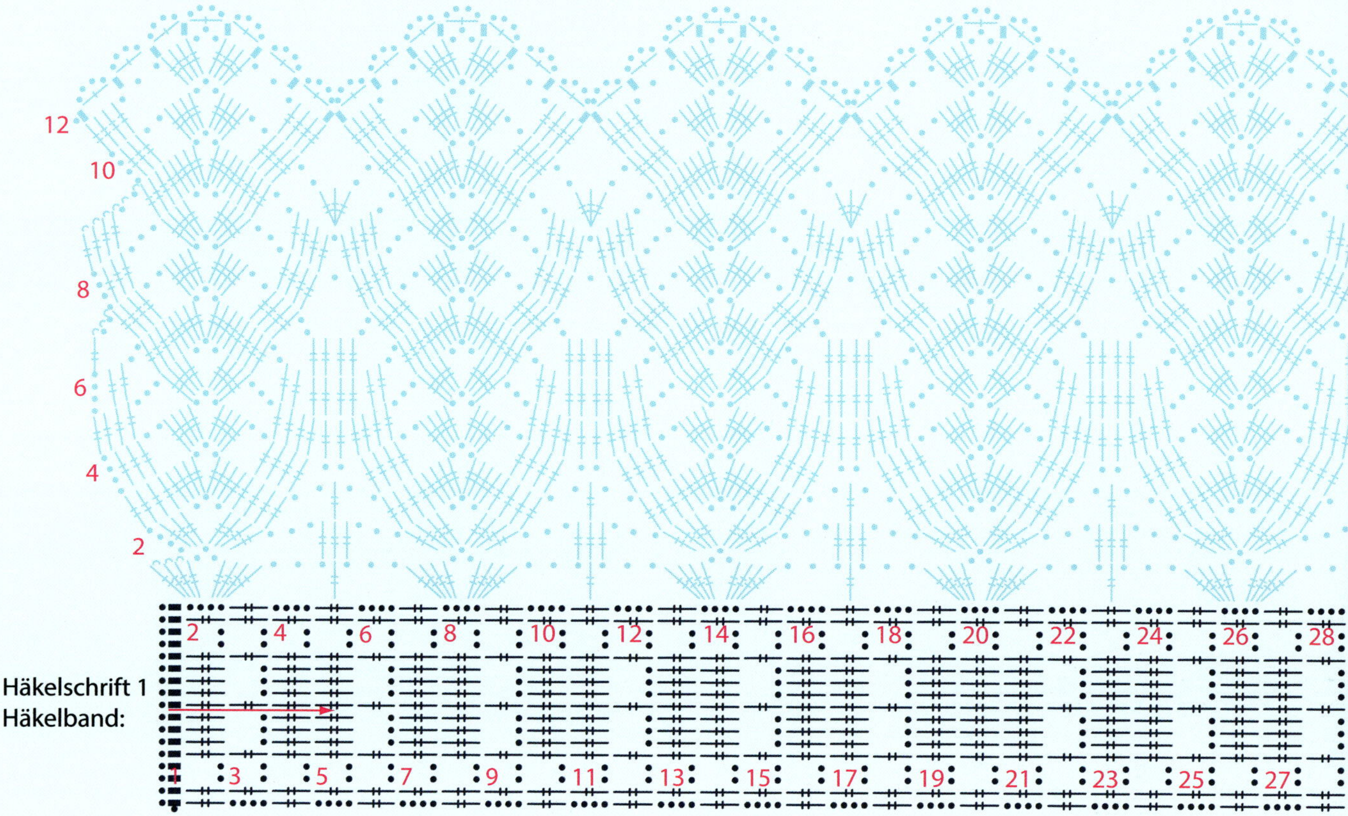

ZEICHENERKLÄRUNG

• = 1 Luftmasche

▮ = 1 Feste Masche

┼ = 1 Stäbchen

╪ = 1 Doppelstäbchen

◄ = den Faden neu ansetzen

= Mint

= Petrol

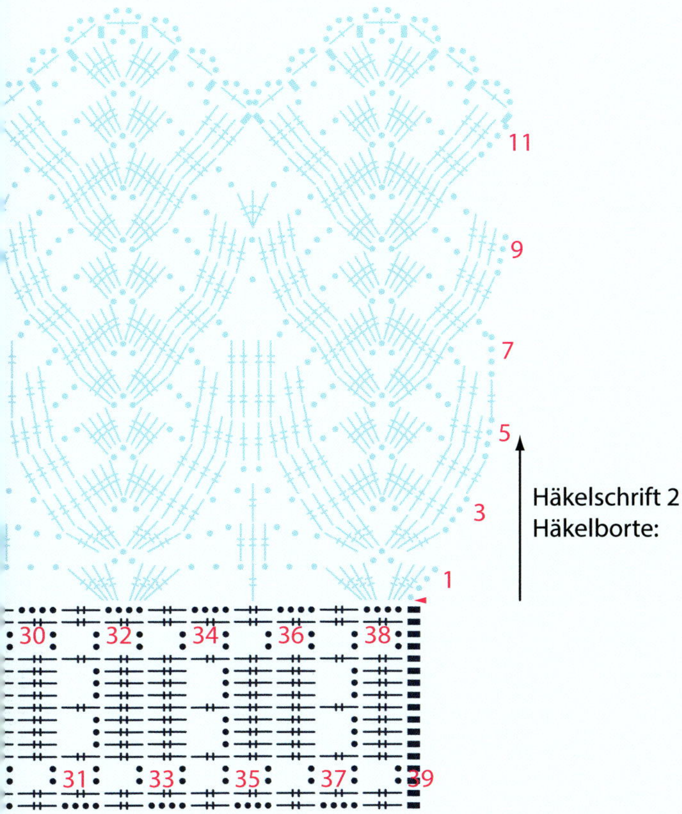
11
9
7
5
3
1
30
32
34
36
38
31
33
35
37
39
Häkelschrift 2
Häkelborte:

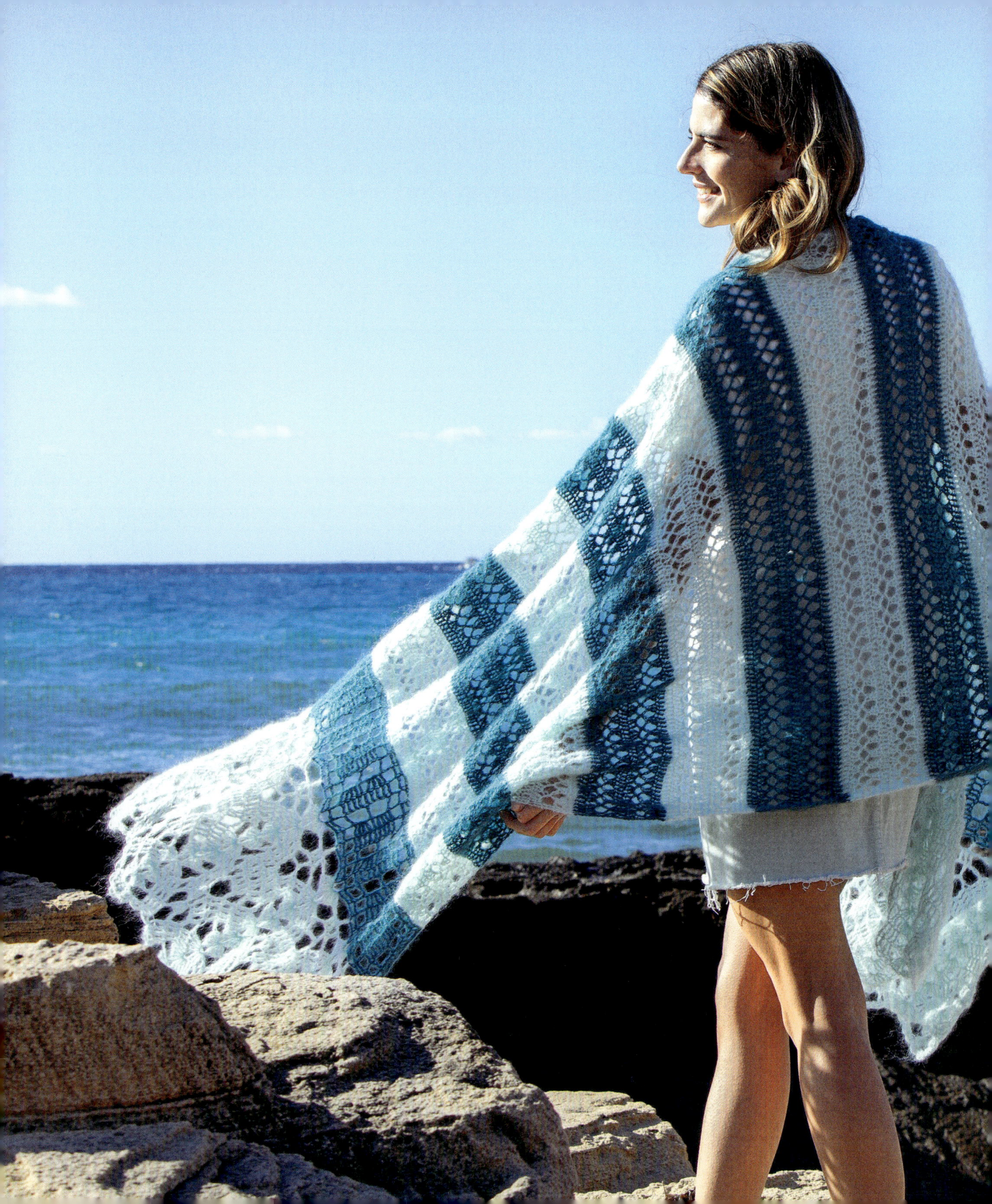

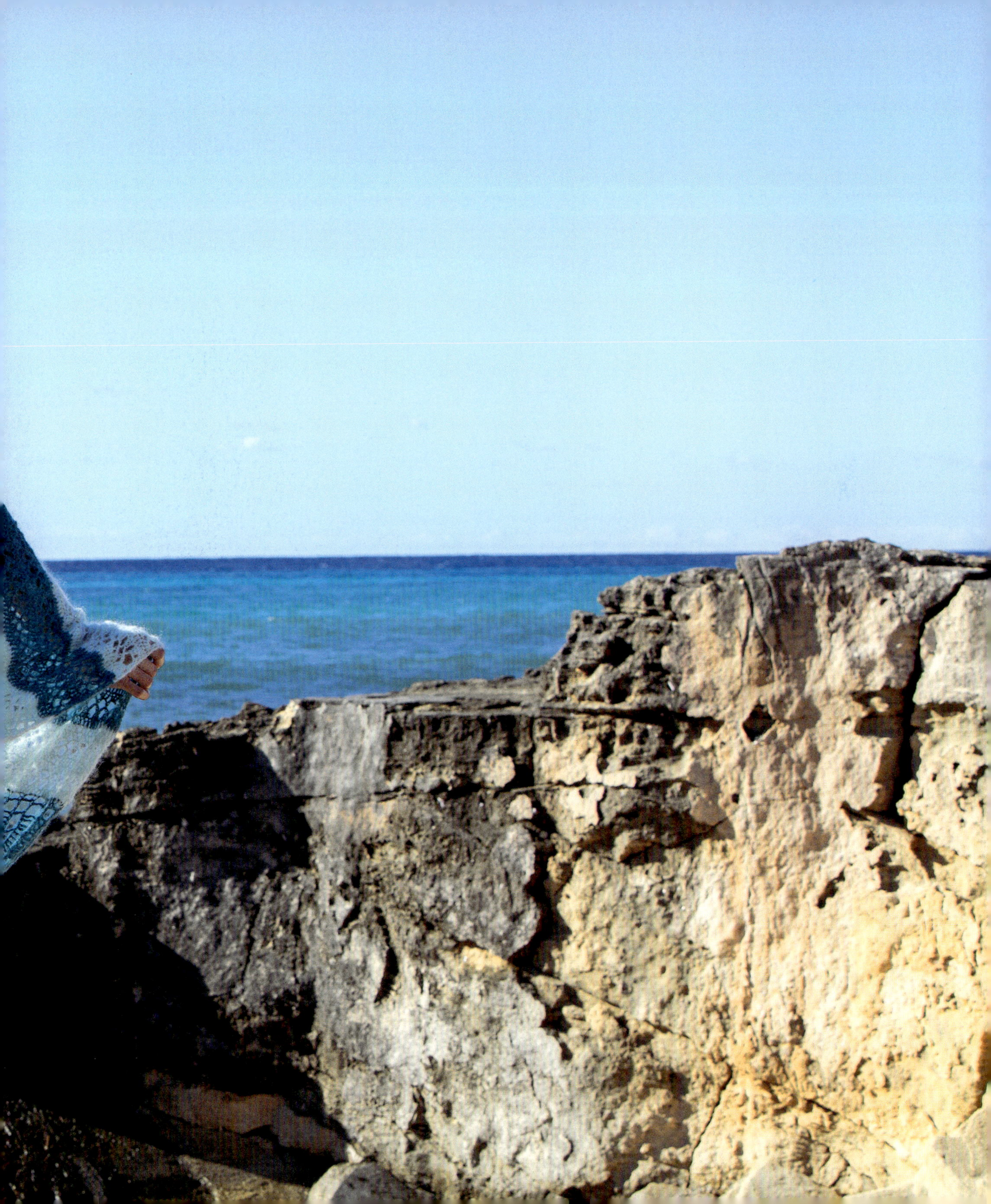

HÄKELSCHEMA 2

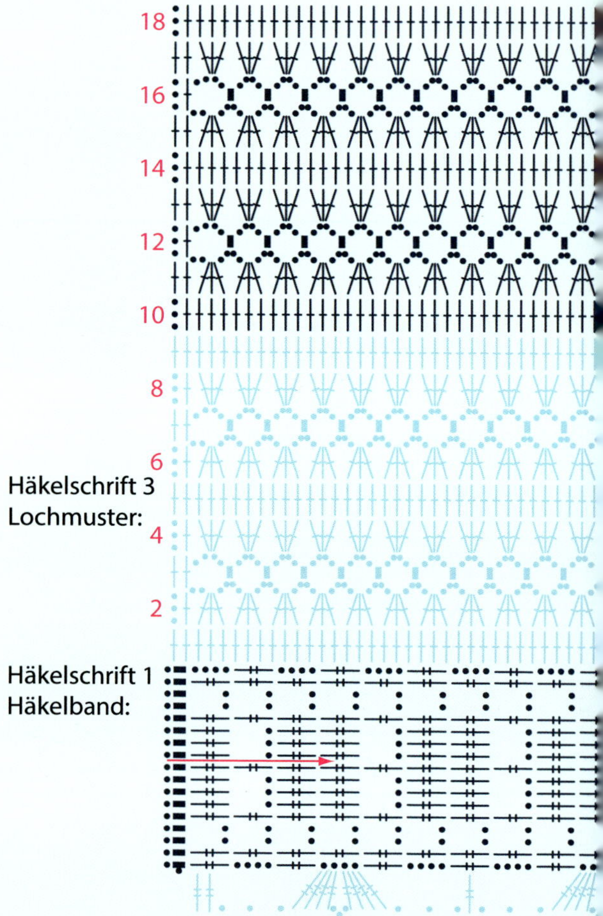

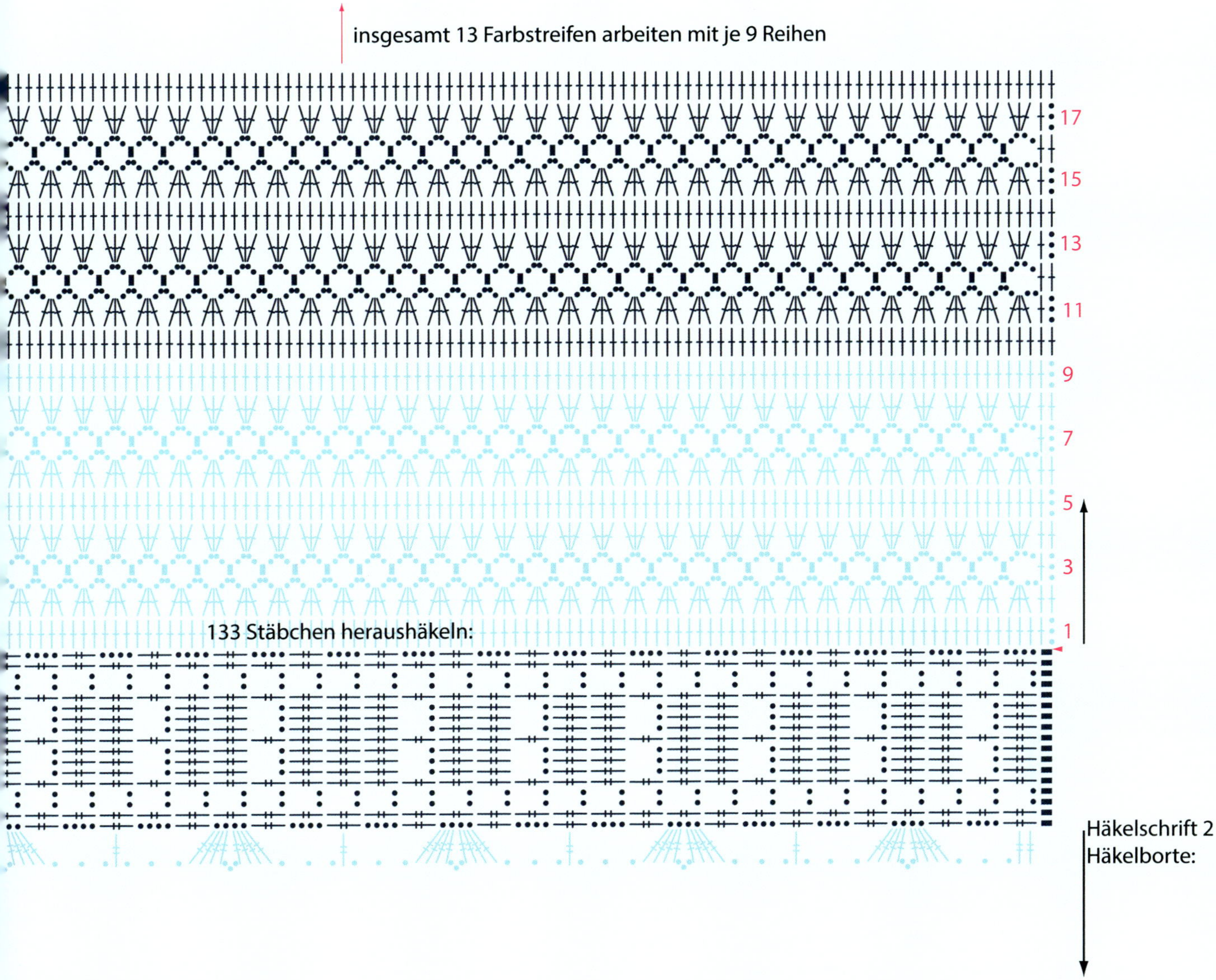

insgesamt 13 Farbstreifen arbeiten mit je 9 Reihen
17
15
13
11
9
7
5
3
1
133 Stäbchen heraushäkeln:
Häkelschrift 2
Häkelborte:

FARBVOLL

Stola im Colourblocking

SCHWIERIGKEITSGRAD: ●●●

GRÖSSE

ca. 63 cm x 170 cm (Breite mal Länge)

MATERIAL

- Lana Grossa „Allora" (76 % Baumwolle, 14 % Schurwolle (Merino), 10 % Alpaka, LL 300 m/50 g) 50 g Gelbgrün (Farbe 02), 100 g Hellgrün (Farbe 03), 50 g Türkis (Farbe 05), 150 g Eisblau (Farbe 06).
- Häkelnadel 3,5 mm

PUNKTMUSTER 1

Nach der Häkelschrift arbeiten. Es sind alle Maschen und die Hin- und Rückreihen gezeichnet.

PUNKTMUSTER 2

Nach der Häkelschrift arbeiten. Es sind alle Maschen und die Hin- und Rückreihen gezeichnet.

MASCHENPROBE

Im Punktmuster 1 sind 24 M x 10 R = 10 x 10 cm

ANLEITUNG

Die Stola wird in 2 Abschnitten gearbeitet. Zuerst wird das Streifenteil gehäkelt. Dafür mit Allora 107 Luftmaschen + 3 Wendeluftmaschen (= 1. Stäbchen) anschlagen. Das 1. Stäbchen in die 5. Luftmasche ab der Nadel häkeln. In jede weitere Luftmasche des Anschlags 1 Stäbchen arbeiten (= 107 Stäbchen insgesamt = 1. Reihe). Die Mascheneinteilung wie in der Häkelschrift angegeben arbeiten, die 1.–4. Reihe stets wiederholen.
Die Streifenfolge wie im Farbschema angegeben häkeln. Die breiteren Streifen sind jeweils 10 R im Punktmuster 1 und die schmalen Streifen in Gelbgrün sind jeweils 6 R. Nach insgesamt 21 Farbstreifen (= 188 R insgesamt) ist das Streifenteil fertig. Für den 2. Abschnitt mit Eisblau aus der Seitenkante mit dem schmäleren Rand 367 Stäbchen häkeln (= 1. Reihe des Rapports). Für die 2. Reihe die Mascheneinteilung wie in der Häkelschrift angegeben mit den Maschen vor dem Rapport beginnen, den Rapport 29 x wiederholen und die Reihe mit den Maschen nach dem Rapport beenden. Die 3.–6. Reihe häkeln, den Rapport noch 3 x wiederholen (= 24 Reihen), noch 1 Reihe Stäbchen häkeln und die Arbeit beenden.

FERTIGSTELLUNG

Alle Fäden vernähen. Wenn gewollt, Stola spannen, anfeuchten und trocknen lassen oder vorsichtig dämpfen.

WICHTIG

Immer mal wieder die Maschenzahl kontrollieren!

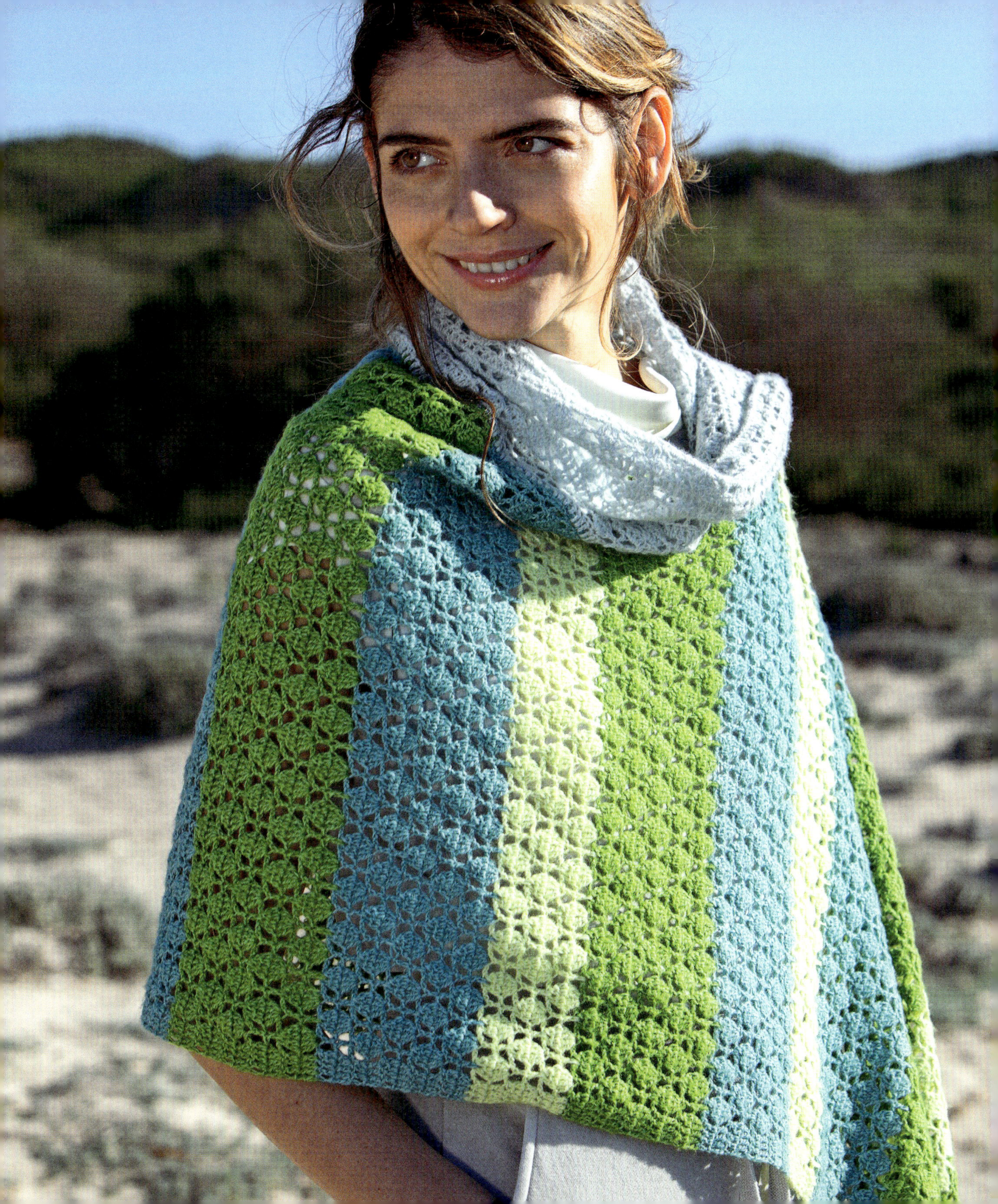

HÄKELSCHEMA PUNKTMUSTER 1

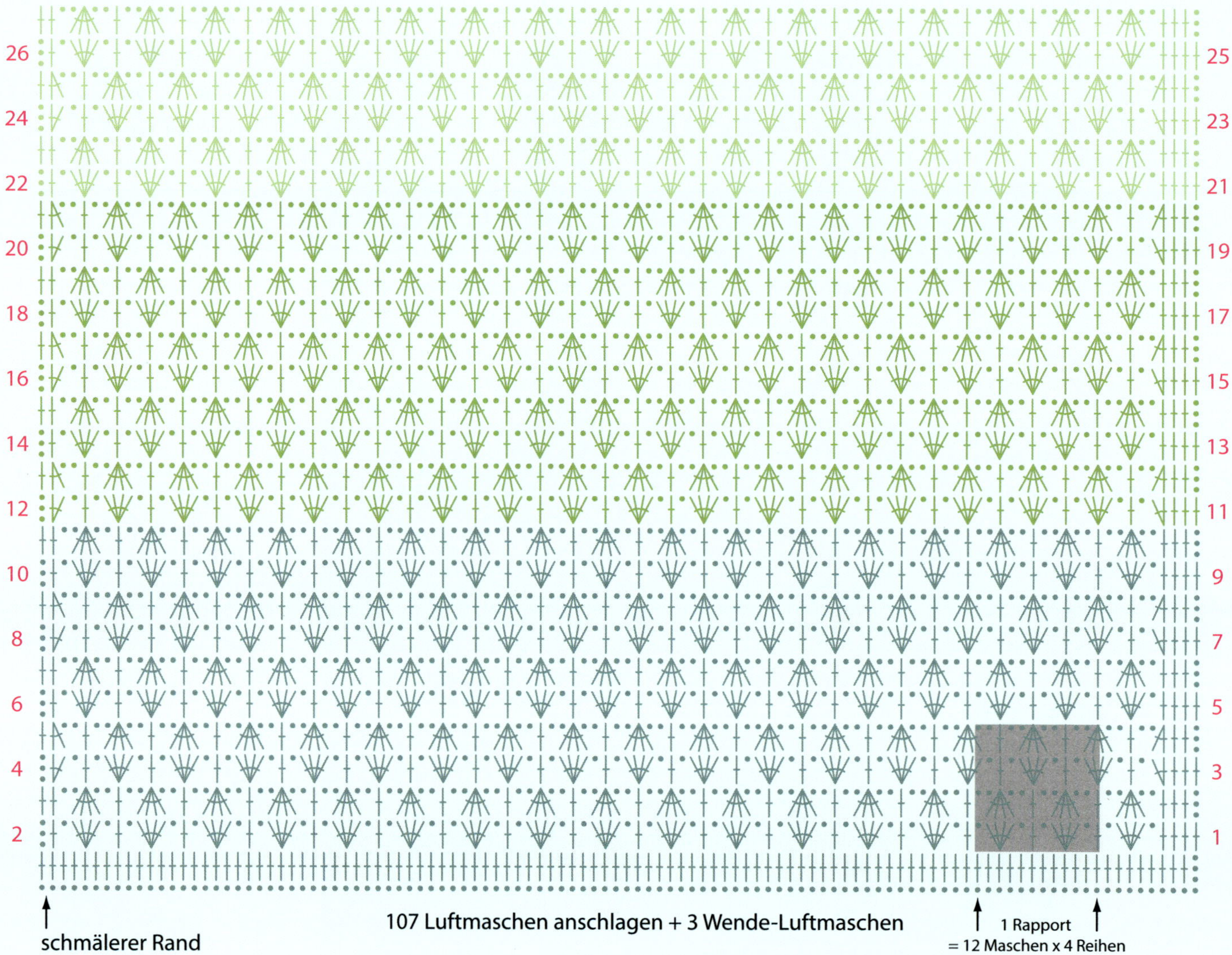

HÄKELSCHEMA PUNKTMUSTER 2

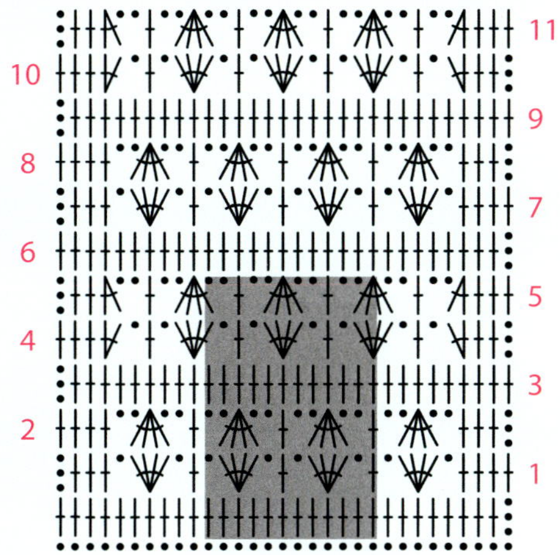

1 Rapport
= 12 Maschen x 6 Reihen

ZEICHENERKLÄRUNG

- • = 1 Luftmasche
- ▮ = 1 Feste Masche
- ┼ = 1 Stäbchen
- = 4 Stäbchen in 1 Einstichstelle
- = 4 Stäbchen zusammen abmaschen
- ◄ = den Faden neu ansetzen

FARBSCHEMA SCHAL

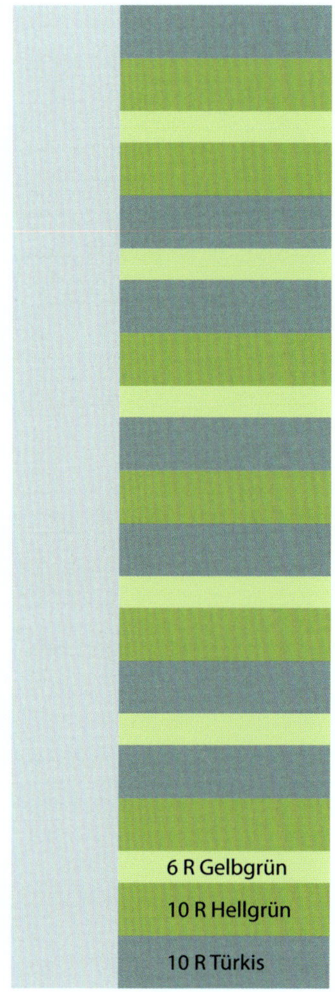

= Gelbgrün Fb 02

= Hellgrün Fb 03

= Türkis Fb 05

= Eisblau Fb 06

GRAFIK

Stola in Filethäkeltechnik

SCHWIERIGKEITSGRAD: ●●●

GRÖSSE
ca. 62 cm x 185 cm (Breite mal Länge)

MATERIAL
- Lana Grossa „Puno Due“ (63 % Baumwolle, 37 % Alpaka (Baby), LL 210 m/50 g) 400 g Hellgrau/Petrol (Fb 12)
- Häkelnadel 4,0 mm

FILETHÄKELMUSTER
Nach der Häkelschrift häkeln. Es sind alle Maschen und die Hin- und Rückreihen gezeichnet.

MASCHENPROBE
20 M x 9,5 R = 10 x 10 cm

ANLEITUNG
127 Luftmaschen + 3 Wendeluftmaschen anschlagen. Das erste Stäbchen in die 5. Luftmasche ab der Nadel häkeln. In jede weitere Luftmasche des Anschlags 1 Stäbchen arbeiten (= 127 Stäbchen = 1. Reihe). Weitere 86 Reihen nach der Häkelschrift häkeln (= 87 Reihen insgesamt). Die 87. Reihe ist die Mittelreihe der Stola, noch 1x die 87.-1. Reihe arbeiten. Nach 174 Reihen die Arbeit beenden.

FERTIGSTELLUNG
Alle Fäden vernähen. Wenn gewollt, Stola spannen, anfeuchten und trocknen lassen oder vorsichtig dämpfen.

WICHTIG
Immer mal wieder die Maschenzahl kontrollieren!

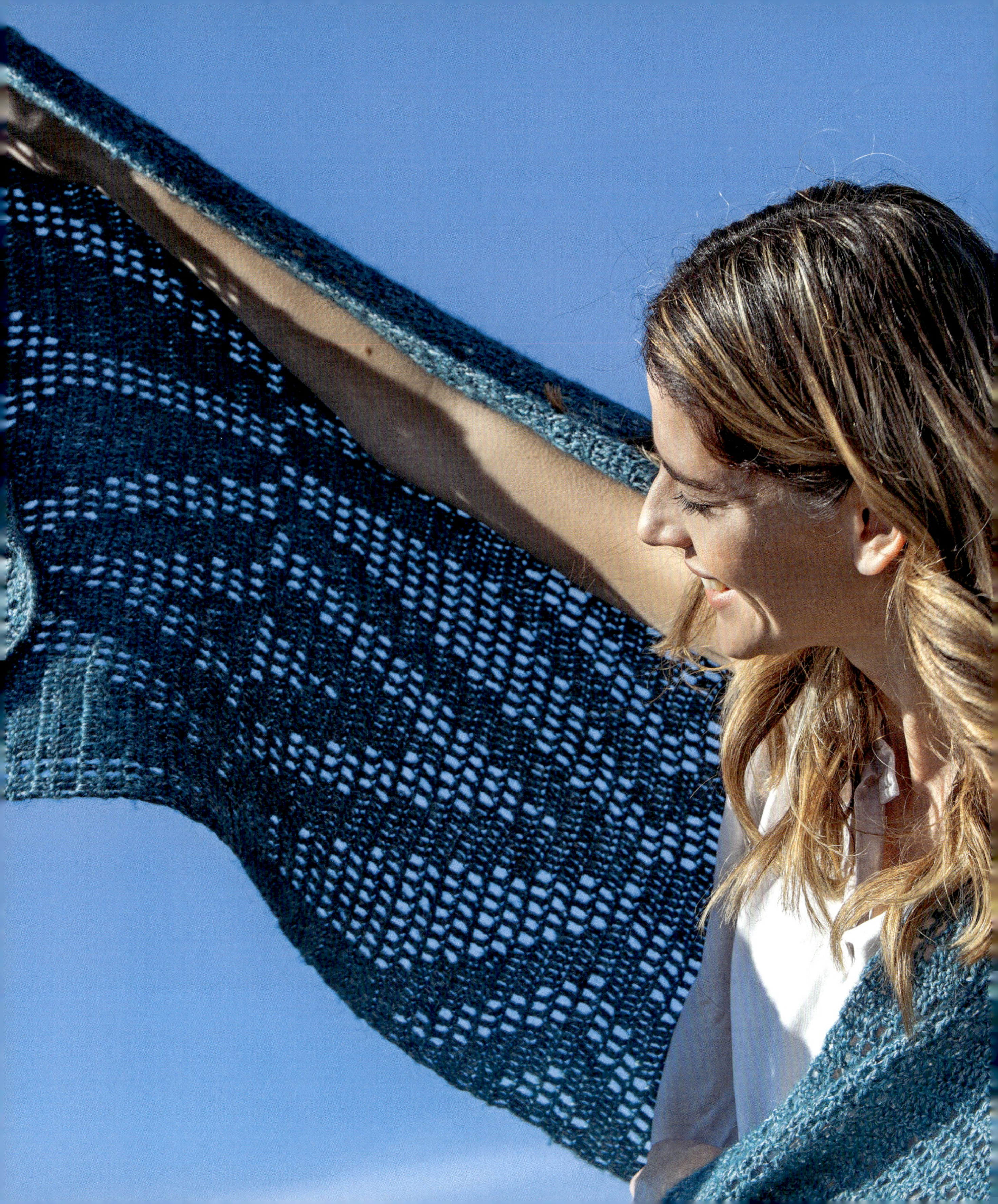

HÄKELSCHRIFT AUSSCHNITT FILETHÄKELMUSTER (= ECKE RECHTS UNTEN GRAU UNTERLEGT)

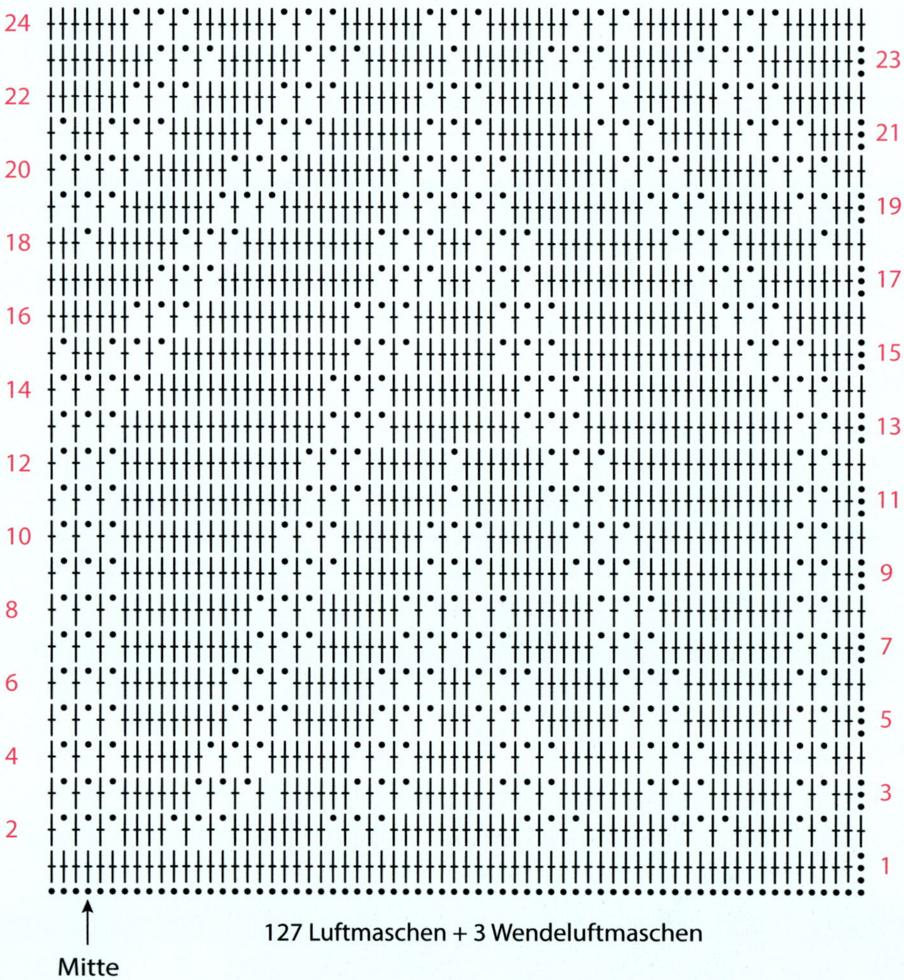

ZEICHENERKLÄRUNG

- • = 1 Luftmasche
- ▮ = 1 Feste Masche
- ┼ = 1 Stäbchen
- ▫ = 1 Stäbchen, 2 Luftmaschen, 1 Stäbchen
- ■ = 4 Stäbchen

HÄKELMOTIV FILETHÄKELMUSTER (HALBES MOTIV)

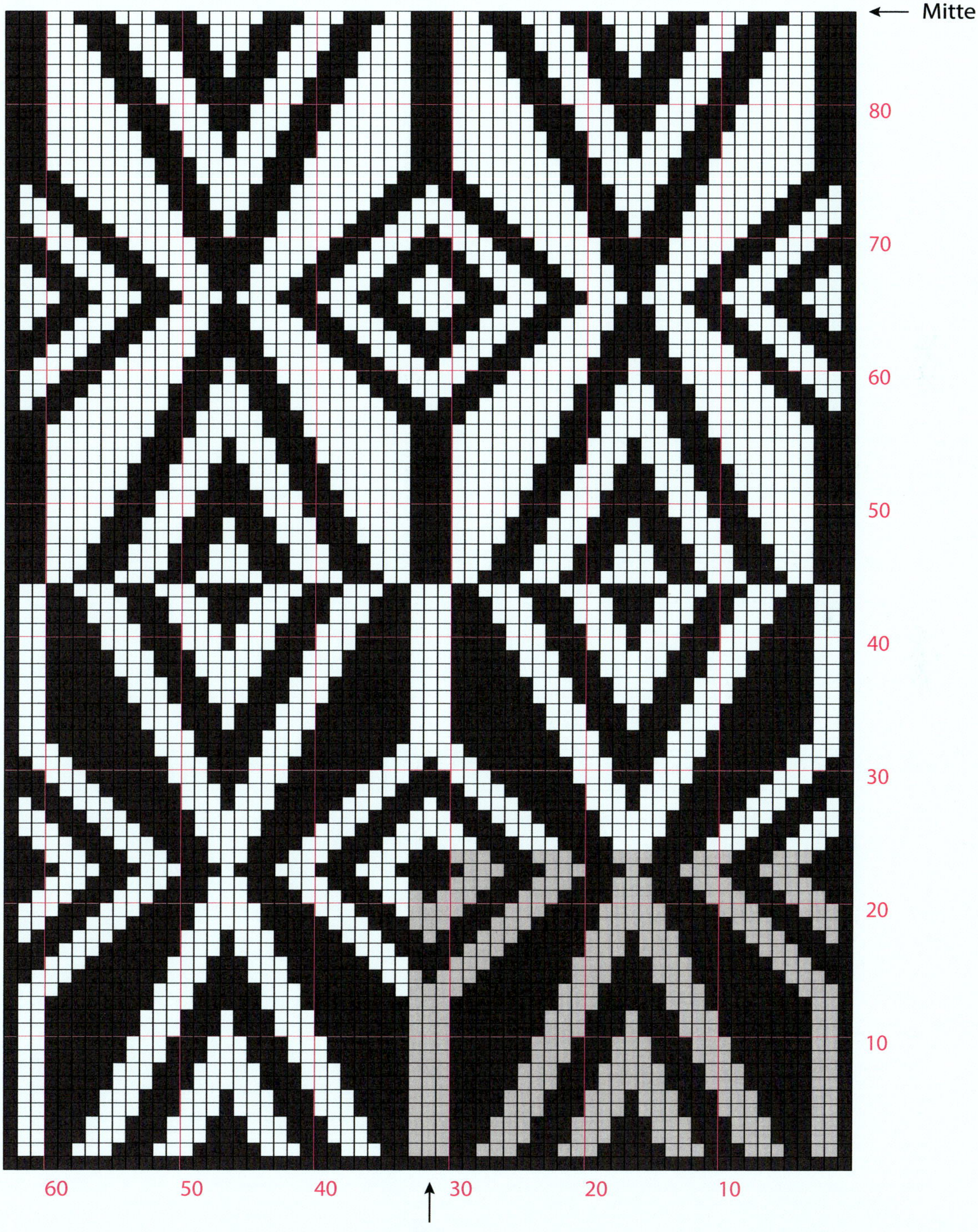

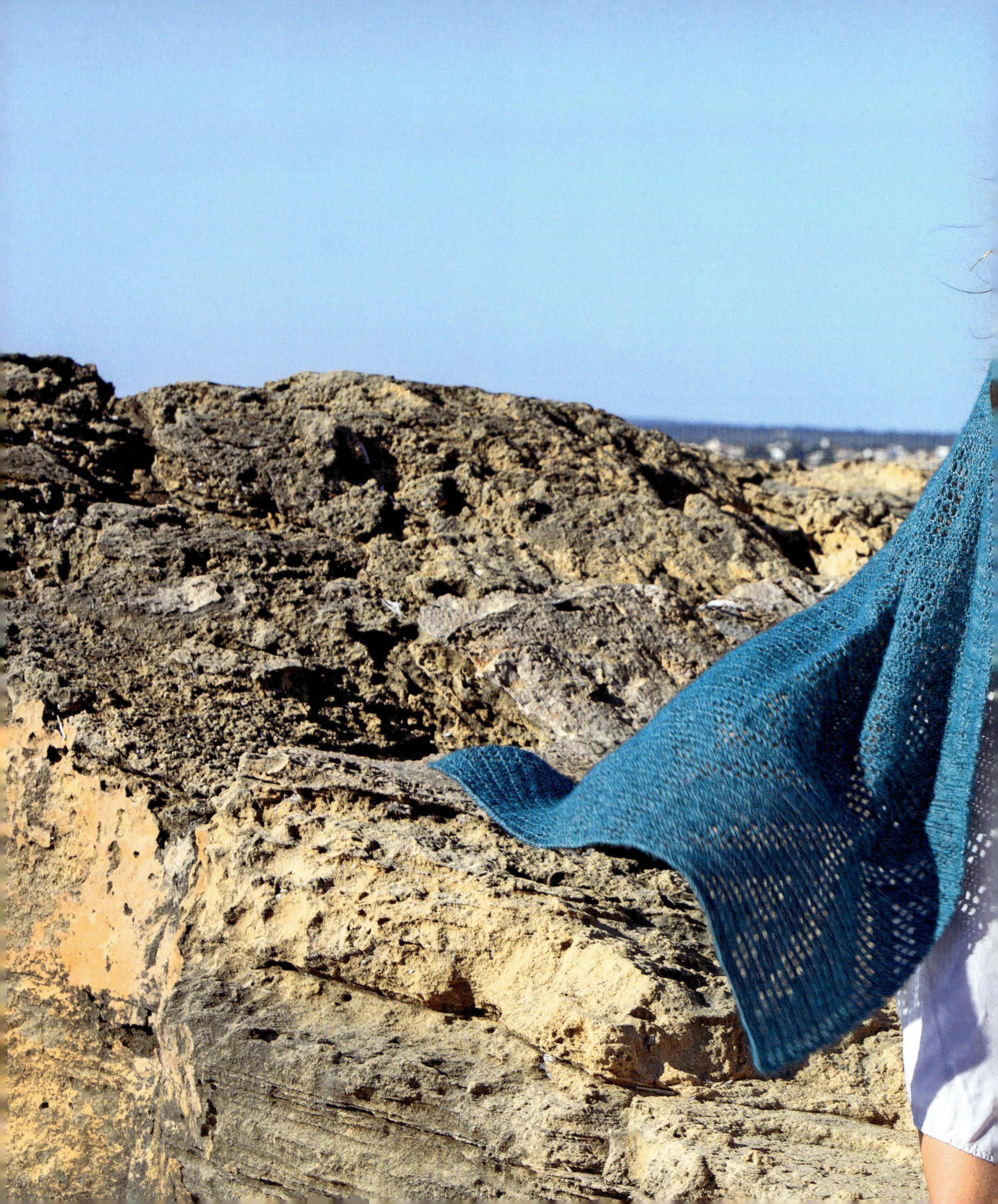

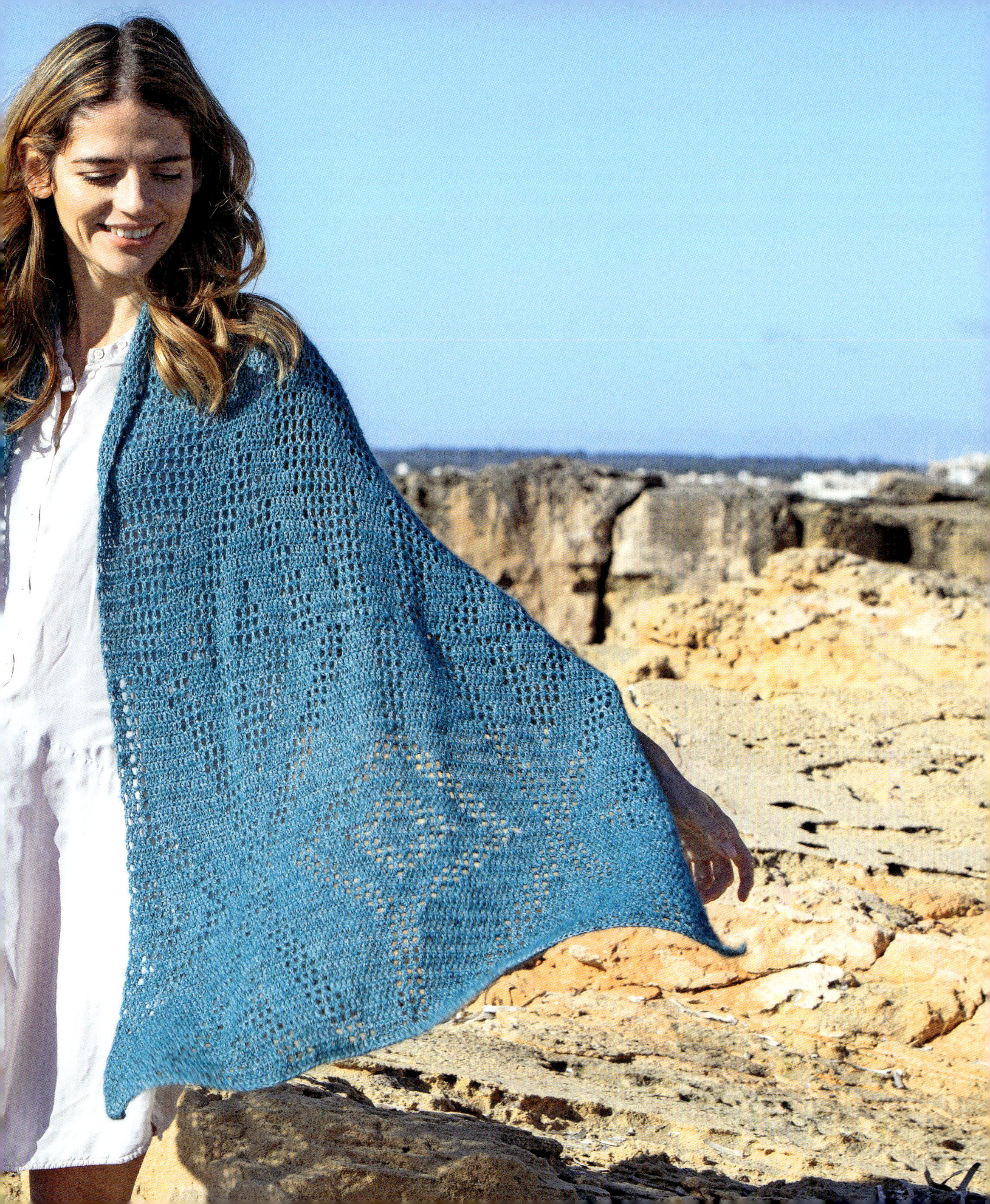

WAVES

Stola im Wellenmuster

SCHWIERIGKEITSGRAD: ●●●

GRÖSSE
ca. 58 cm x 180 cm (Breite mal Länge)

MATERIAL
- Pascuali „Re-Jeans“ (100 % Baumwolle (recycled), LL 192 m/100 g) 150 g Denim (Fb 11)
- Pascuali „Manada“ (45 % Mohair (Superkid), 25 % Maulbeerseide, 15 % Schurwolle (Merino), 15 % Yak, LL 200 m/25 g) 50 g Silber (Fb 200), 50 g Kohle (Fb 203), 50 g Navy (Fb 214)
- Häkelnadel 4,0 mm

WELLENMUSTERMUSTER
Nach der Häkelschrift arbeiten. Es sind alle Hin- und Rückreihen und die Farbfolge gezeichnet. Mit den Maschen vor dem rechten Pfeil beginnen, den Rapport 34 x wiederholen und mit den Maschen nach dem linken Pfeil enden. Die 1.–8. R stets wiederholen.

FARBFOLGE
Je 2 Reihen Denim, Navy, Silber, Kohle stets wiederholen.

MASCHENPROBE
16 M x 10 R = 10 x 10 cm

ANLEITUNG
Die Stola wird quer gehäkelt. 288 Luftmaschen + 1 Wendeluftmasche anschlagen. Die 1. feste Masche in die 2. Luftmasche ab der Nadel häkeln. Sofort mit der 1. Reihe der Häkelschrift beginnen. Die 1.–8. Reihe mit der Farbfolge Denim, Navy, Silber, Kohle fortlaufend wiederholen. Insgesamt 7 x wiederholen, dann noch 1 x Reihe 1 und 2 in Denim (= 58 R insgesamt) arbeiten und die Arbeit beenden.

FERTIGSTELLUNG
Alle Fäden vernähen. Wenn gewollt, Stola spannen, anfeuchten und trocknen lassen oder vorsichtig dämpfen.

WICHTIG
Immer mal wieder die Maschenzahl kontrollieren!

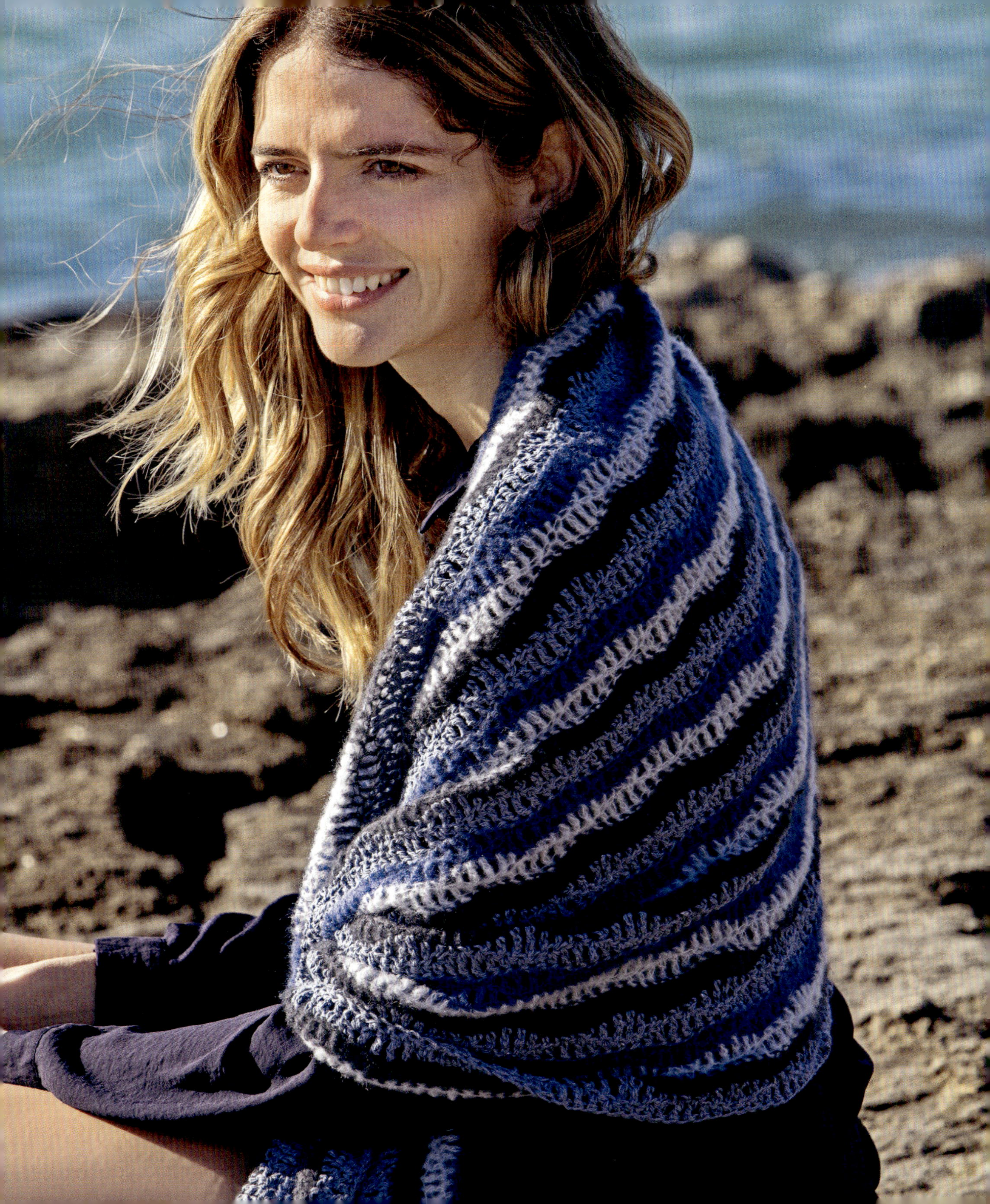

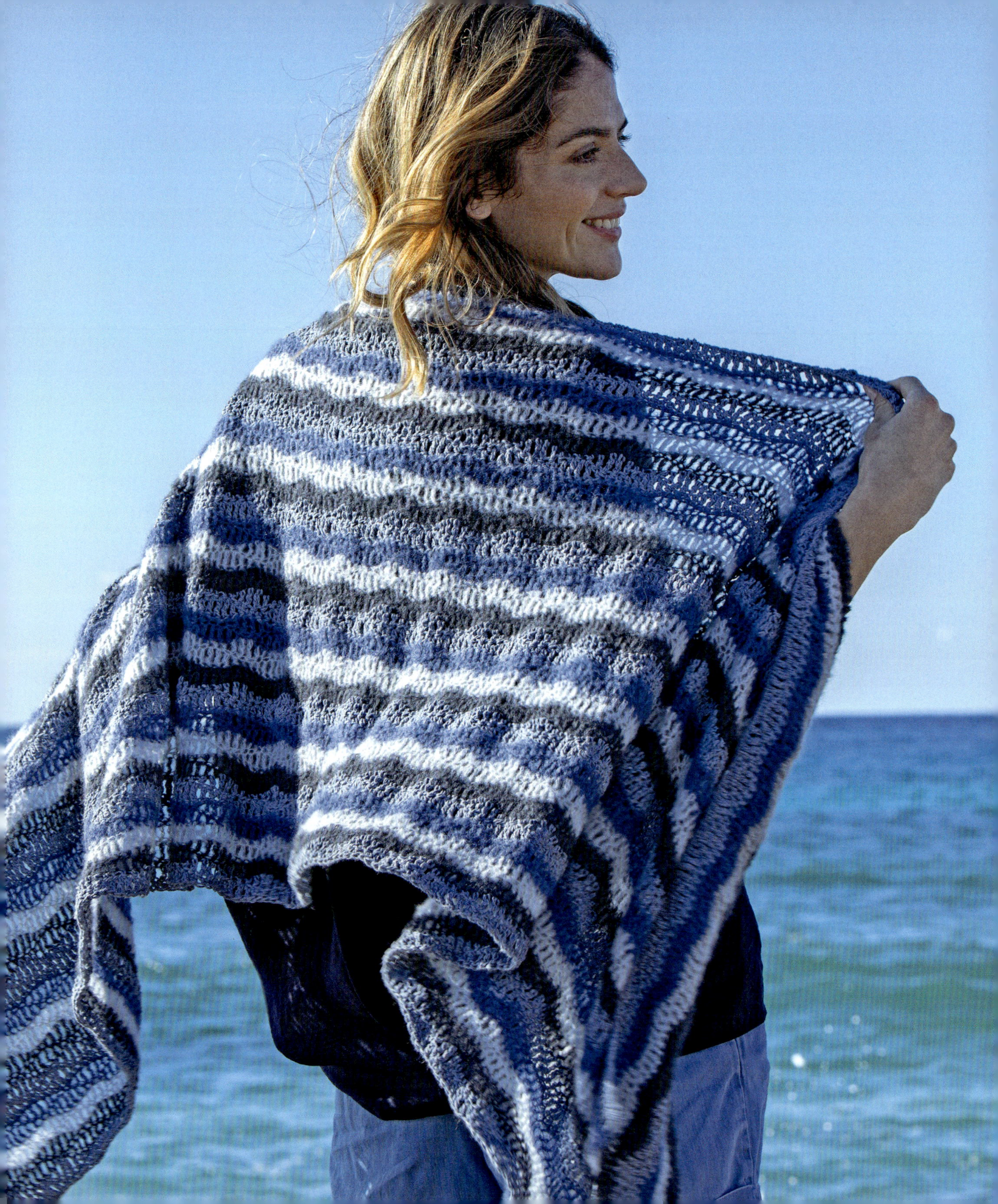

HÄKELSCHRIFT WELLENMUSTER

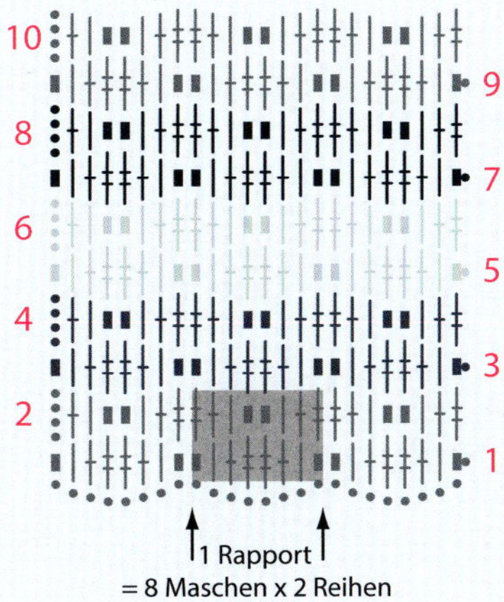

- = Kohle Fb 203
- = Silber Fb 200
- = Navy Fb 214
- = Denim Fb 11

ZEICHENERKLÄRUNG

- • = 1 Luftmasche
- ▮ = 1 Feste Masche
- | = 1 Halbes Stäbchen
- ┼ = 1 Stäbchen
- ╪ = 1 Doppelstäbchen

TRIANGLE

Dreieckstuch mit Fransen

SCHWIERIGKEITSGRAD: ●●●

GRÖSSE
ca. 150 cm x 80 cm (Breite mal Länge)

MATERIAL
- Woll Butt Primo „Sophie " (54 % Mohair, 46 % Polyamid, LL 155 m/25 g) 125 g Petrol Color (Fb 106)
- Häkelnadel 4,0 mm

DREIECKSMUSTER
Nach der Häkelschrift arbeiten. Es sind Hin- und Rückreihen gezeichnet. Die 7.–12. R sinngemäß wiederholen.

MASCHENPROBE
18 M x 9 R = 10 x 10 cm

ANLEITUNG
Das Dreieckstuch nach der Häkelschrift von der Spitze her mit Nadel 4,0 beginnen. Nach der 1.–3. Reihe die Zunahmen in der angegebenen Weise bis zum Ende der Arbeit fortführen. Ab der 4. Reihe den Mustersatz 12 x wiederholen und die Arbeit beenden (= 75 Reihen).

FERTIGSTELLUNG
Alle Fäden vernähen. Wenn gewollt, Dreieckstuch spannen, anfeuchten und trocknen lassen oder vorsichtig dämpfen. An den Seitenkanten die Fransen einknüpfen. 1 Franse besteht aus 8 Fäden mit 20 cm Länge.

WICHTIG
Immer mal wieder die Maschenzahl kontrollieren!

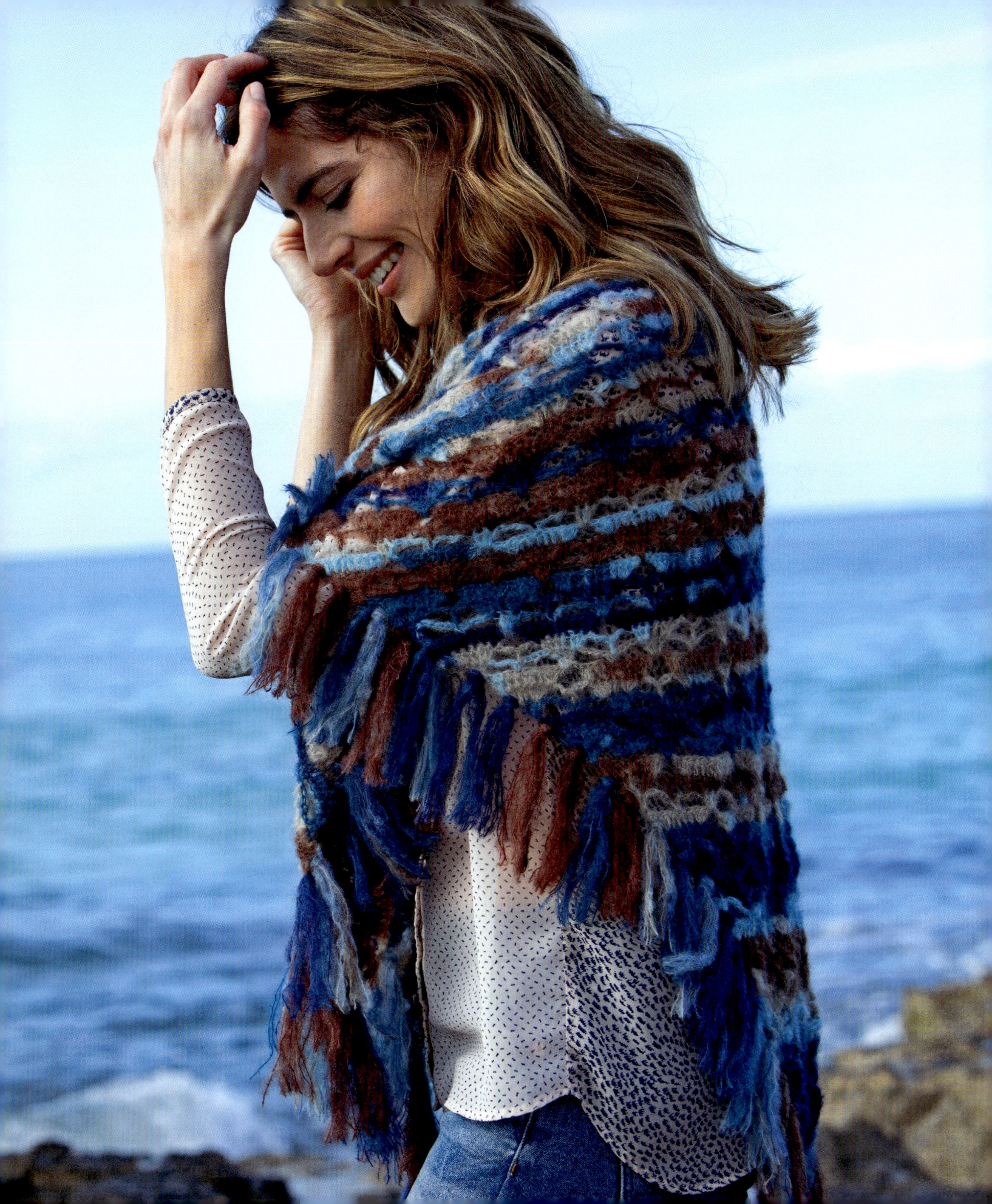

HÄKELSCHRIFT
DREIECKSMUSTER

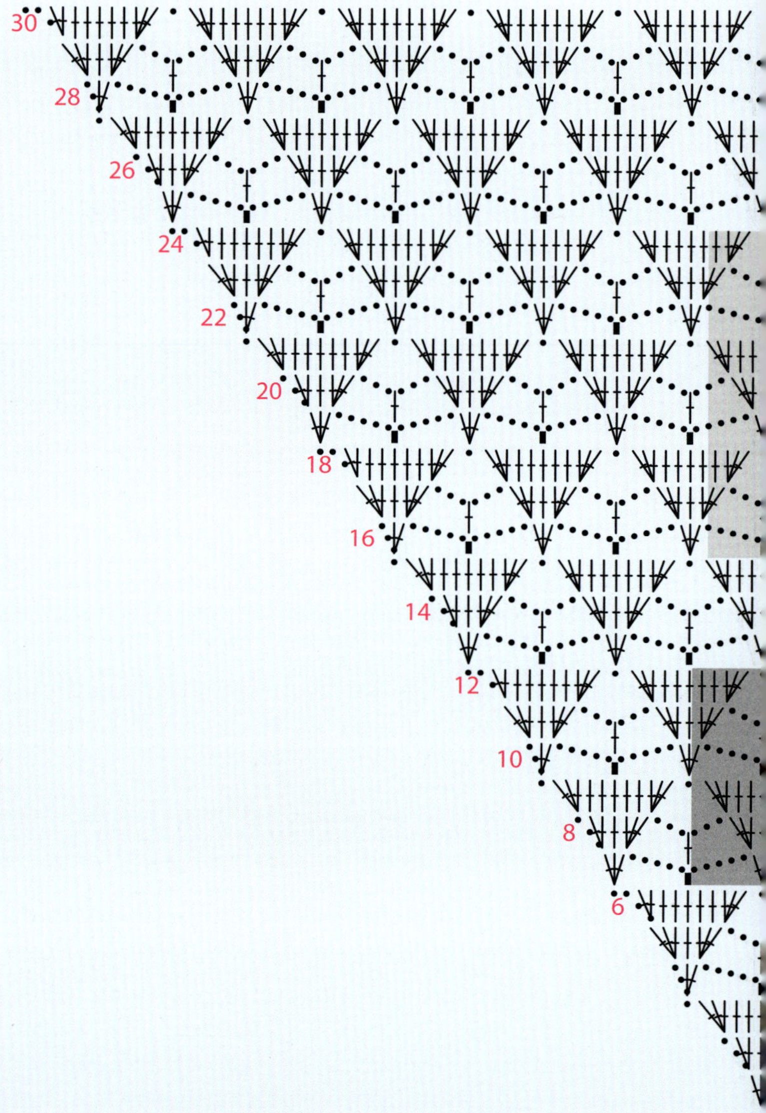

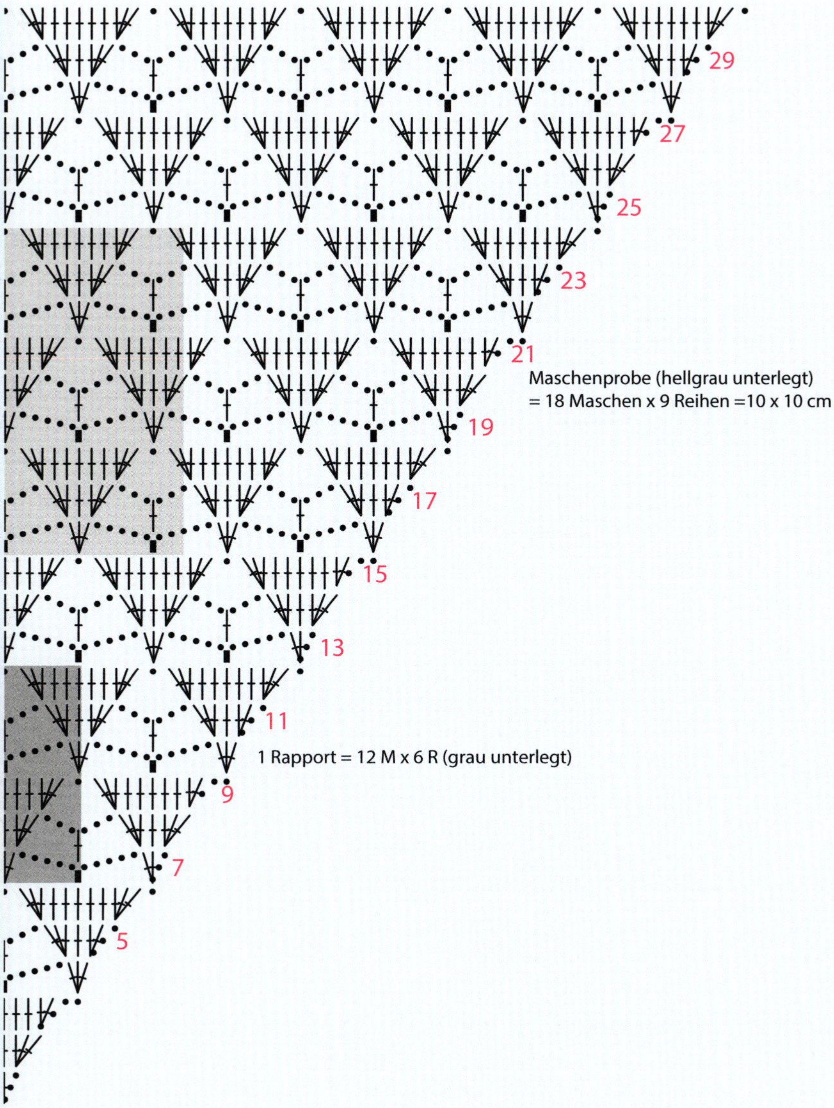

ZEICHENERKLÄRUNG

- • = 1 Luftmasche
- ▮ = 1 Feste Masche
- ┼ = 1 Stäbchen
- Ѱ = 3 Stäbchen in 1 Einstichstelle

LANDLUST

Stola in Filethäkeltechnik mit Borte

SCHWIERIGKEITSGRAD: ●●●

GRÖSSE
ca. 70 cm x 180 cm (Breite mal Länge) inklusive Borte

MATERIAL
- Lana Grossa „Ecopuno Tweed“ (60 & Baumwolle, 14 % Alpaka (Baby), 10 % Schurwolle (Merino), 16 % Polyester, LL 160 m/50 g) 350 g Zimtbraun meliert (Fb 302)
- Lana grossa „Cashmere Garzato“ (48 % Kaschmir, 34 % Baumwolle (Pima), 18 % Schurwolle (Merino), LL 170/25 g) 100 g Camel (Fb 13)
- Häkelnadel 4,0 mm

FILETHÄKELMUSTER
Nach der Häkelschrift arbeiten. Es sind alle Maschen und die Hin- und Rückreihen gezeichnet.

GITTERMUSTER
Nach der Häkelschrift arbeiten. Es sind alle Maschen und die Hin- und Rückreihen gezeichnet.

FÄCHERBORTE
Nach der Häkelschrift in Runden arbeiten. Es sind alle Runden gezeichnet.

MASCHENPROBE
Im Filethäkelmuster sind 19 M x 10 R = 10 x 10 cm

ANLEITUNG
Die Stola wird in 3 Abschnitten gearbeitet. Zuerst beginnt man mit dem Mittelteil in Filethäkeltechnik. Dafür mit Ecopuno Tweed 124 Luftmaschen + 3 Wendeluftmaschen anschlagen. Das erste Stäbchen in die 5. Luftmasche ab der Nadel häkeln. In jede weitere Luftmasche des Anschlags 1 Stäbchen arbeiten (= 183 Stäbchen = 1. Reihe). Von Beginn an nach der Häkelschrift häkeln. Da die Kästchen nicht quadratisch sind, wird das Muster rechteckig. Nach 61 Reihen ist das Mittelteil fertig.
Für die dreieckigen Seitenteile aus der Seitenkante des Mittelteils mit Cashmere Garzato, beginnend mit 1 Wendeluftmasche, 123 feste Maschen heraushäkeln und nach dem Zählmuster weiterarbeiten.
Dabei alle 2 Reihen das Garn wechseln. Nach 48 Reihen die Arbeit beenden.
Das zweite Seitenteil an der Gegenseite genauso arbeiten.
Für die umlaufende Borte an einer Spitze der Stola mit Cashmere Garzato neu ansetzen und mit 3 Steigeluftmaschen beginnen.
Die gesamte Stola mit 1 Reihe Stäbchen umhäkeln (= 1. Runde), die Maschenzahl muss durch 16 teilbar sein. In Runden die 2.–5. Runde häkeln und die Arbeit beenden.

FERTIGSTELLUNG
Alle Fäden vernähen. Wenn gewollt, Stola spannen, anfeuchten und trocknen lassen oder vorsichtig dämpfen.

WICHTIG
Immer mal wieder die Maschenzahl kontrollieren!

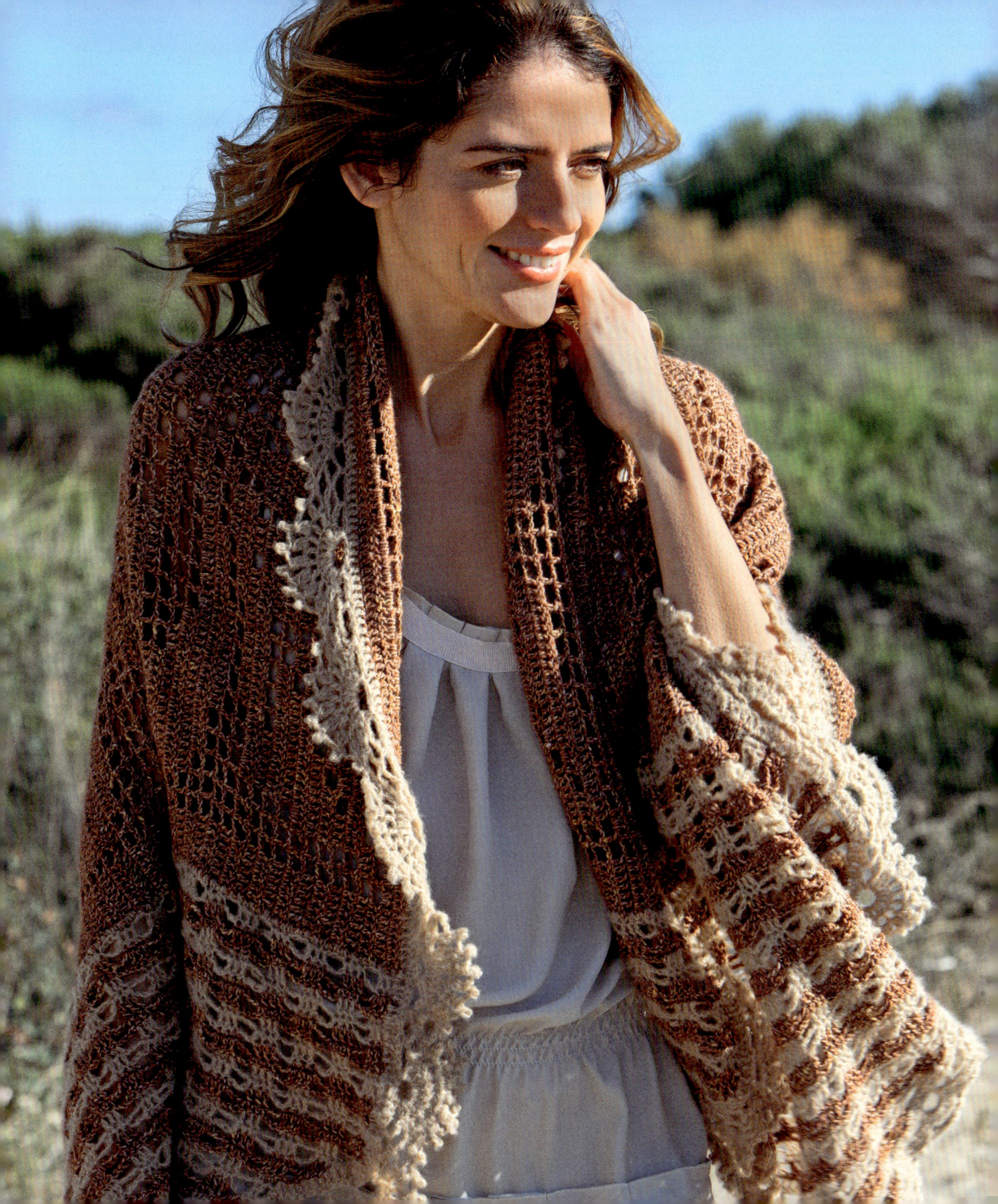

HÄKELSCHRIFT AUSSCHNITT FILETHÄKELMUSTER (= ECKE RECHTS UNTEN GRAU UNTERLEGT)

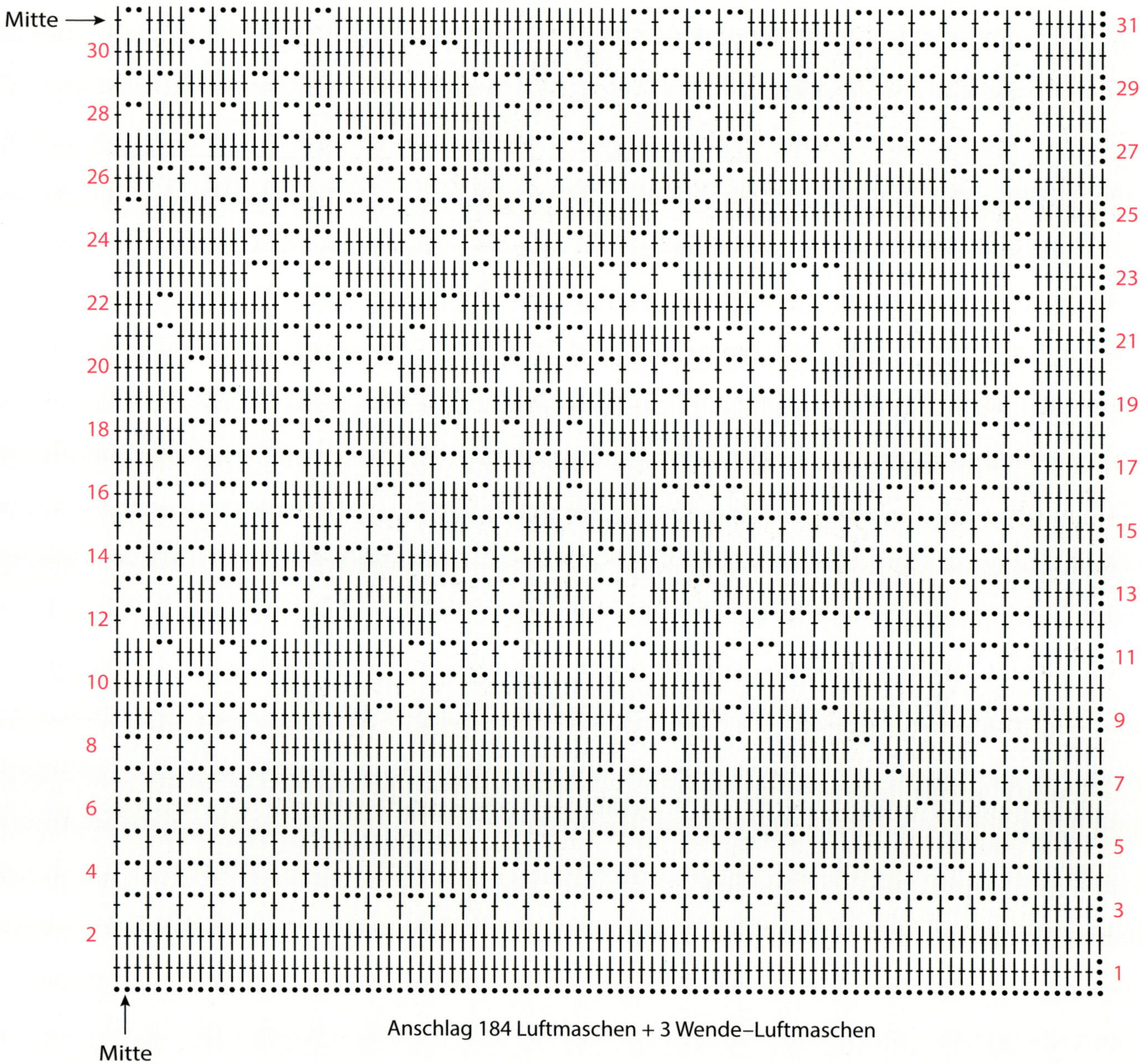

Anschlag 184 Luftmaschen + 3 Wende–Luftmaschen

HÄKELMOTIV FILETHÄKELMUSTER

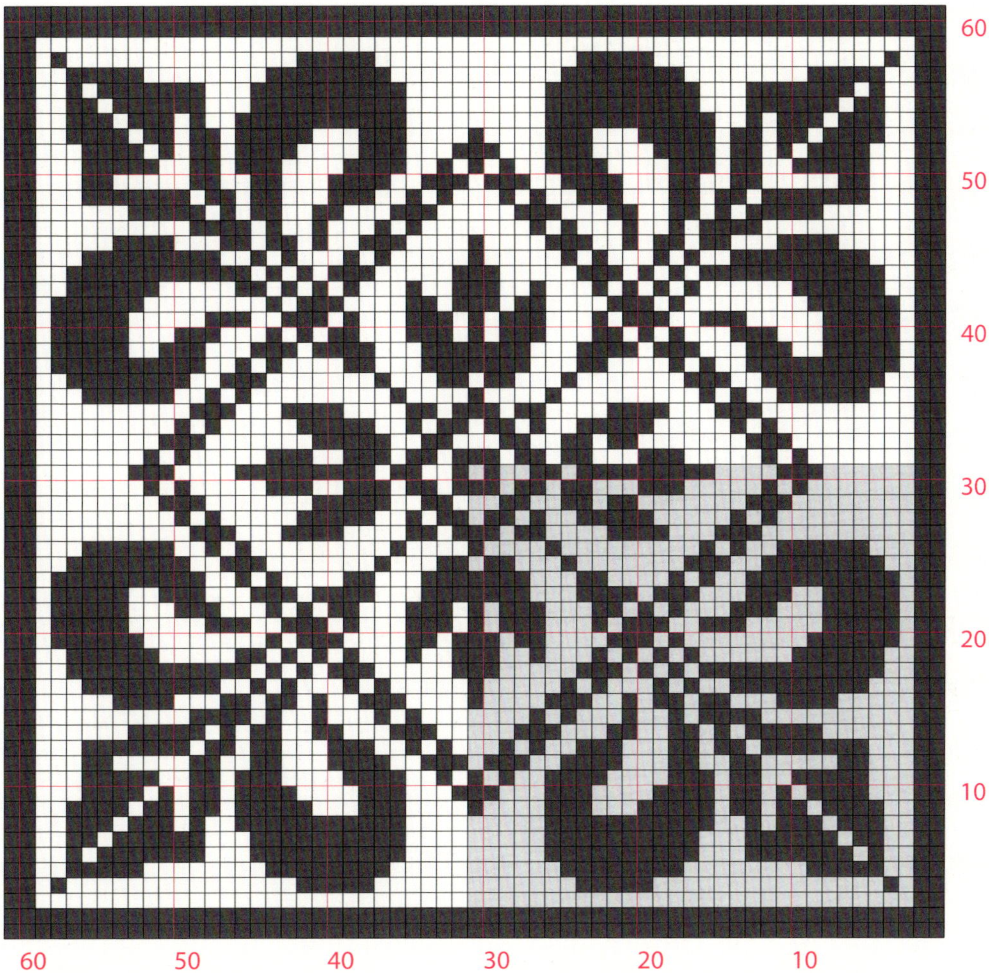

▫ = 1 Stäbchen, 2 Luftmaschen, 1 Stäbchen

■ = 4 Stäbchen

HÄKELSCHRIFT FÄCHERBORTE

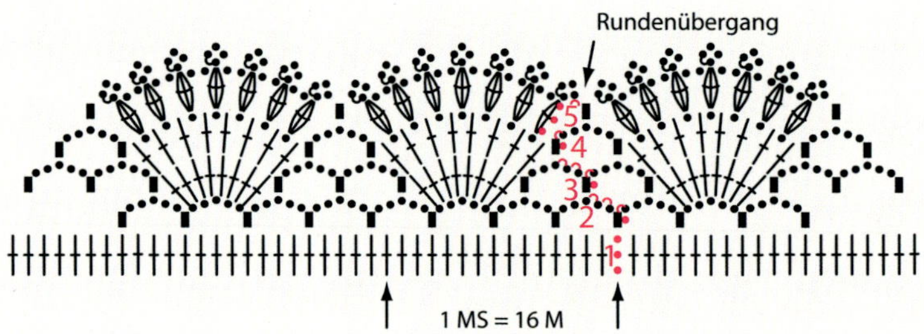

HÄKELSCHRIFT SEITENTEILE GITTERMUSTER

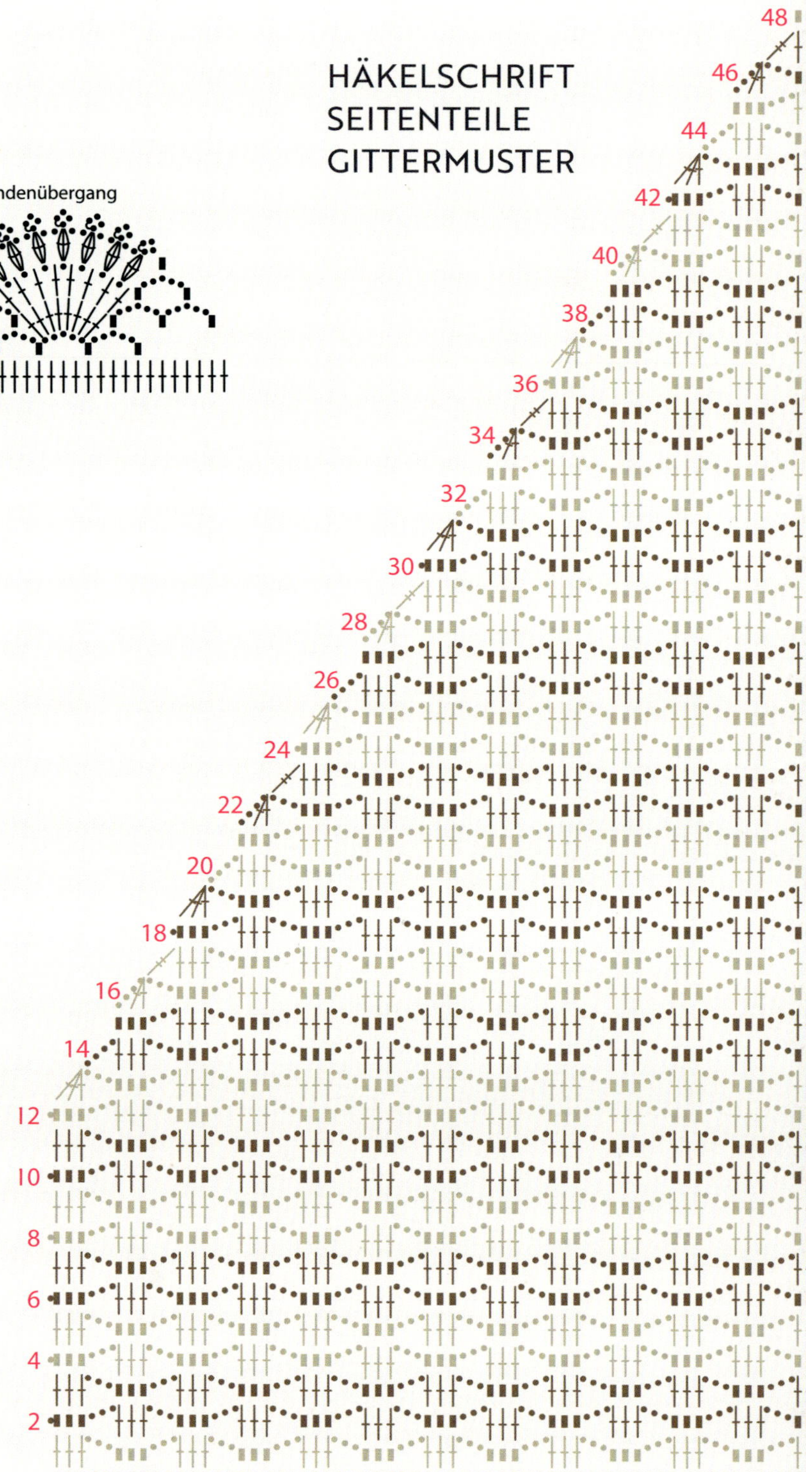

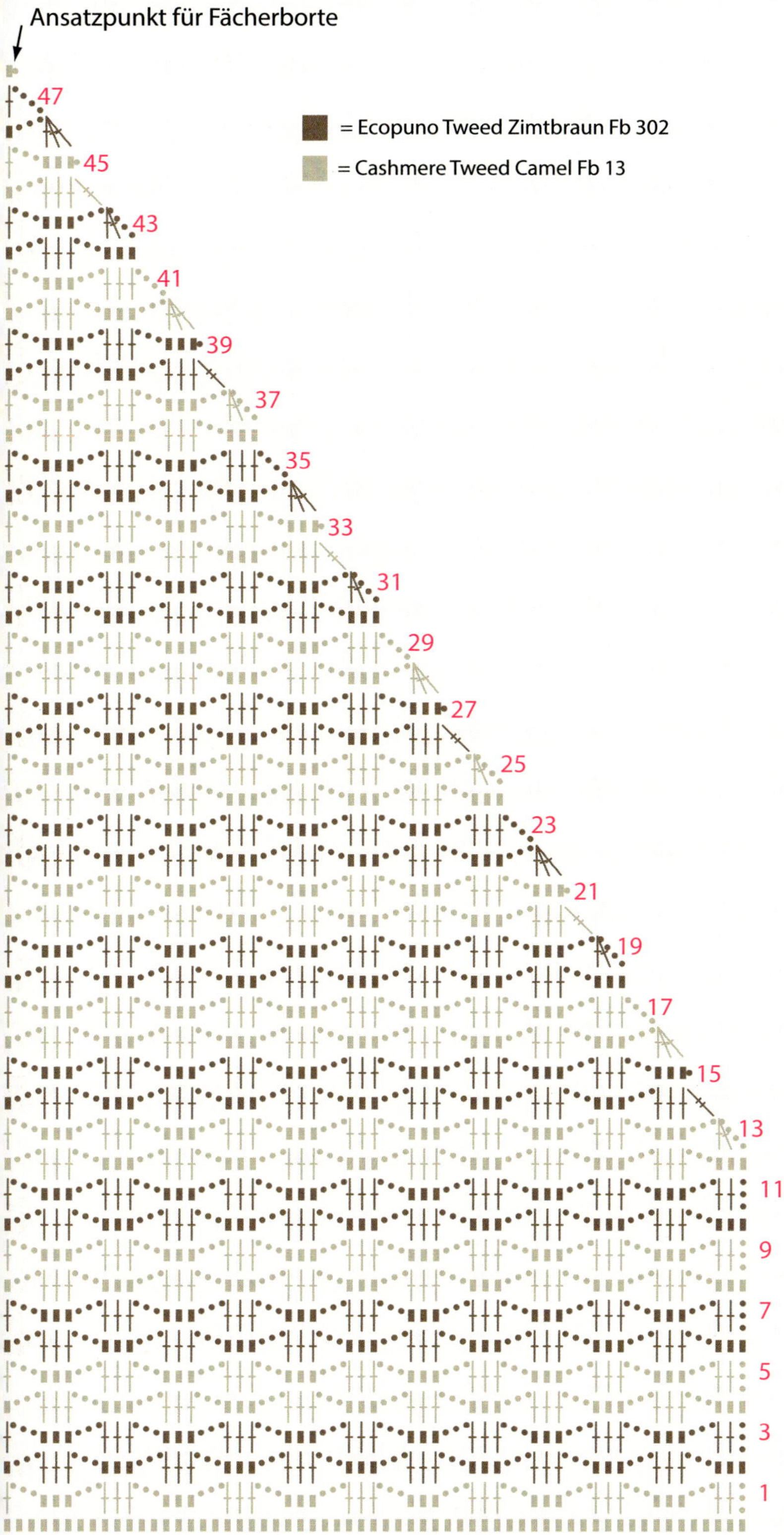

123 feste Maschen mit Cashmere Garzato aus der Kante heraushäkeln

ZEICHENERKLÄRUNG

- • = 1 Luftmasche
- ▮ = 1 feste Masche
- ┼ = 1 Stäbchen
- ⌒ = 1 Kettmasche
- ⌽ = 3 Stäbchen in 1 Einstichstelle und gemeinsam abmaschen

PARTYTIME

Loopstola mit Glitzer

SCHWIERIGKEITSGRAD: ●●●

GRÖSSE
ca. 40 cm x 55 cm (Breite mal Länge zusammengenäht)

MATERIAL
- Lana Grossa „Twin" (54 % Schurwolle, 20 % Alpaka, 26 % Polyamid, LL 200 m/25 g) 100 g Weinrot/ Orange/ Rost/ Aubergine/ Braun (Fb 110)
- Lana Grossa „Diamante" (100 % Polyester, LL 195 m/25 g) 75 g Kupfer (Fb 03)
- Häkelnadel 4,0 mm

HINWEIS
Es wird mit je 1 Faden Twin und Diamante gearbeitet.

GITTERMUSTER
Nach der Häkelschrift arbeiten. Es sind alle Maschen und die Hin- und Rückreihen gezeichnet. Die 1.–4. R stets wiederholen.

MASCHENPROBE
22 M x 10 R = 10 x 10 cm

ANLEITUNG
99 Luftmaschen + 3 Wendeluftmaschen mit Nadel 4,0 anschlagen. Das erste Stäbchen in die 5. Luftmasche ab der Nadel häkeln und mit der 1. Reihe der Häkelschrift beginnen. Die 1.–4. Reihe fortlaufend wiederholen. In einer Gesamthöhe von 110 cm die Arbeit beenden.

FERTIGSTELLUNG
Alle Fäden vernähen. Wenn gewollt, Stola spannen, anfeuchten und trocknen lassen oder vorsichtig dämpfen. Die Loopstola 1 x in sich verdrehen und beide Enden der Stola zusammennähen.

WICHTIG
Immer mal wieder die Maschenzahl kontrollieren!

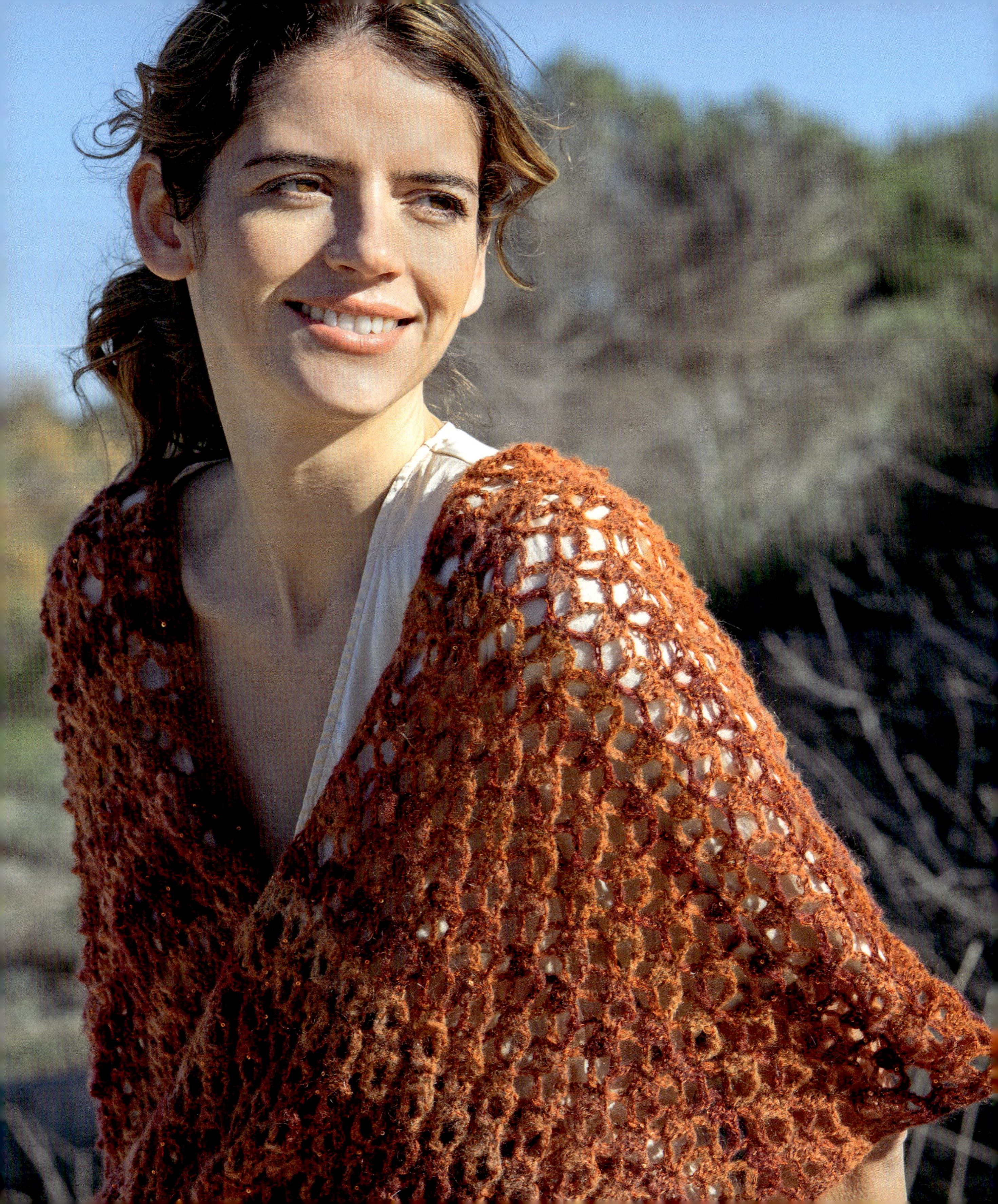

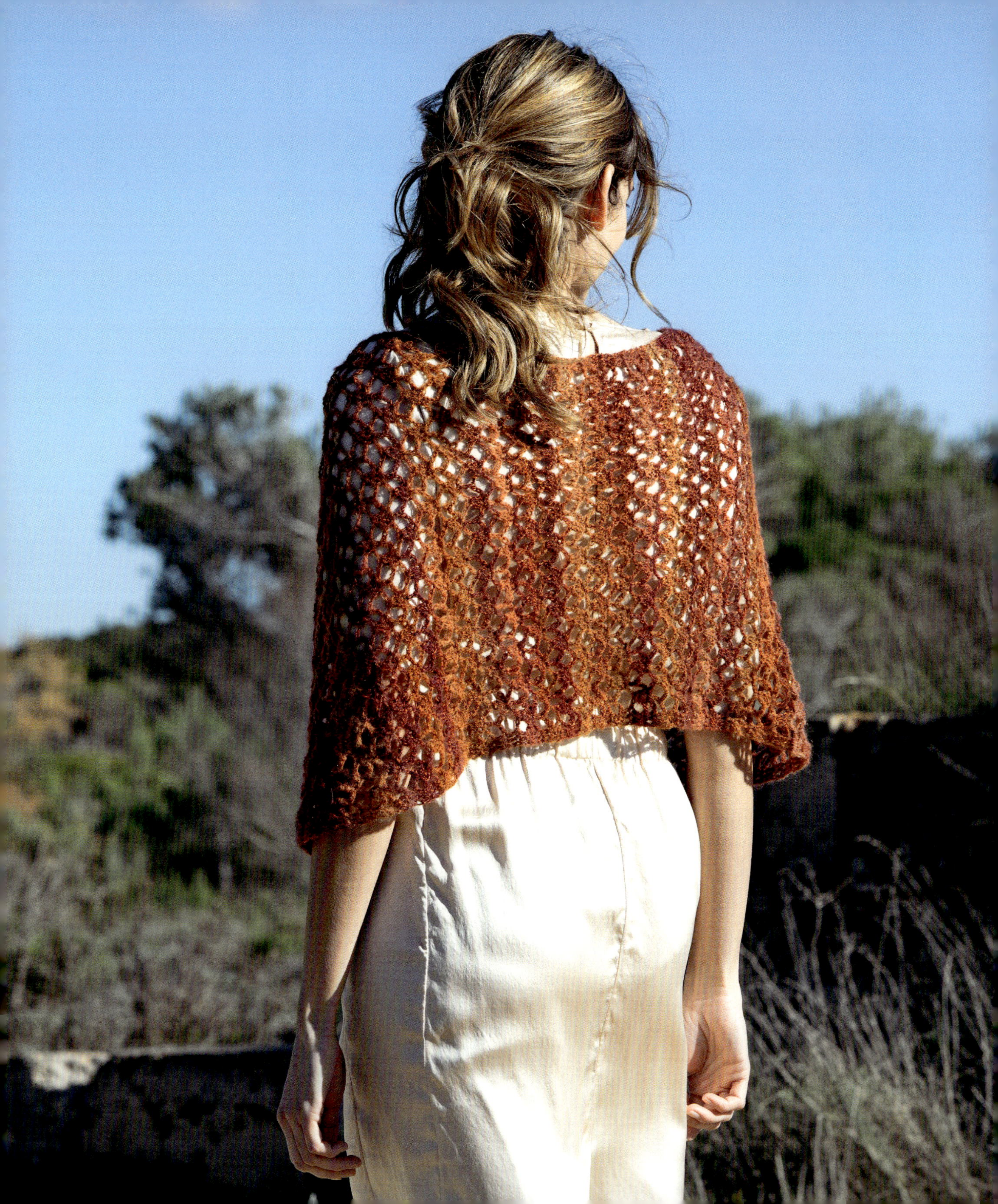

HÄKELSCHRIFT GITTERMUSTER

Maschenprobe (hellgrau unterlegt)
= 22 M x 10 R = 10 x 10 cm

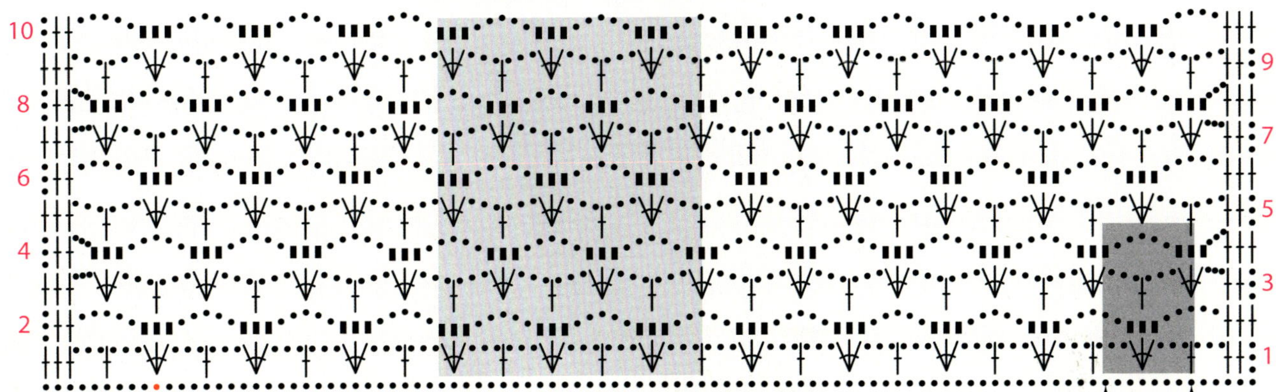

99 Luftmaschen anschlagen + 3 Wendeluftmaschen

1 Rapport
= 8 Maschen x 4 Reihen

ZEICHENERKLÄRUNG

- • = 1 Luftmasche
- ▮ = 1 feste Masche
- ┼ = 1 Stäbchen
- Ѱ = 3 Stäbchen in 1 Einstichstelle

HYGGE

Großes Dreieckstuch in Blockstreifen

SCHWIERIGKEITSGRAD: ●●●

GRÖSSE
ca. 125 cm x 210 cm (Breite mal Länge)

MATERIAL
- Woll Butt Primo „Ava" (63 % Alpaka, 37 % Baumwolle, LL 225 m/50 g) 100 g Natur meliert (Fb 142.44), 150 g Terra meliert (Fb 100.744), 200 g Braun meliert (Fb 11.569)
- Häkelnadel 5,0 mm

LOCHMUSTER
Nach der Häkelschrift arbeiten. Es sind Hin- und Rückreihen gezeichnet. Die 6.–9. R sinngemäß stets wiederholen.

MASCHENPROBE
18 M x 9 R = 10 x 10 cm

FARBFOLGE
50 Reihen in Natur meliert, 52 Reihen in Terra meliert, 52 Reihen in Braun meliert.

ANLEITUNG
Das Dreieckstuch nach der Häkelschrift an der Spitze mit Nadel 5,0 in Natur meliert beginnen. Ab der 6. Reihe die Reihen 6–9 stets wiederholen, die seitlichen Zunahmen wie in der Häkelschrift angegeben arbeiten. Insgesamt 50 Reihen in Natur meliert häkeln. Ab Reihe 51 mit Terra meliert weiterhäkeln, die seitlichen Zunahmen wie in der Häkelschrift angegeben arbeiten, das heißt es werden nur noch in jeder 2. Reihe 2 Maschen zugenommen. Insgesamt 52 Reihen in Terra meliert häkeln. Ab Reihe 103 mit Braun meliert weitere 52 Reihen häkeln. Nach insgesamt 154 Reihen die Arbeit beenden.

FERTIGSTELLUNG
Alle Fäden vernähen. Wenn gewollt, Dreieckstuch spannen, anfeuchten und trocknen lassen oder vorsichtig dämpfen.

WICHTIG
Immer mal wieder die Maschenzahl kontrollieren!

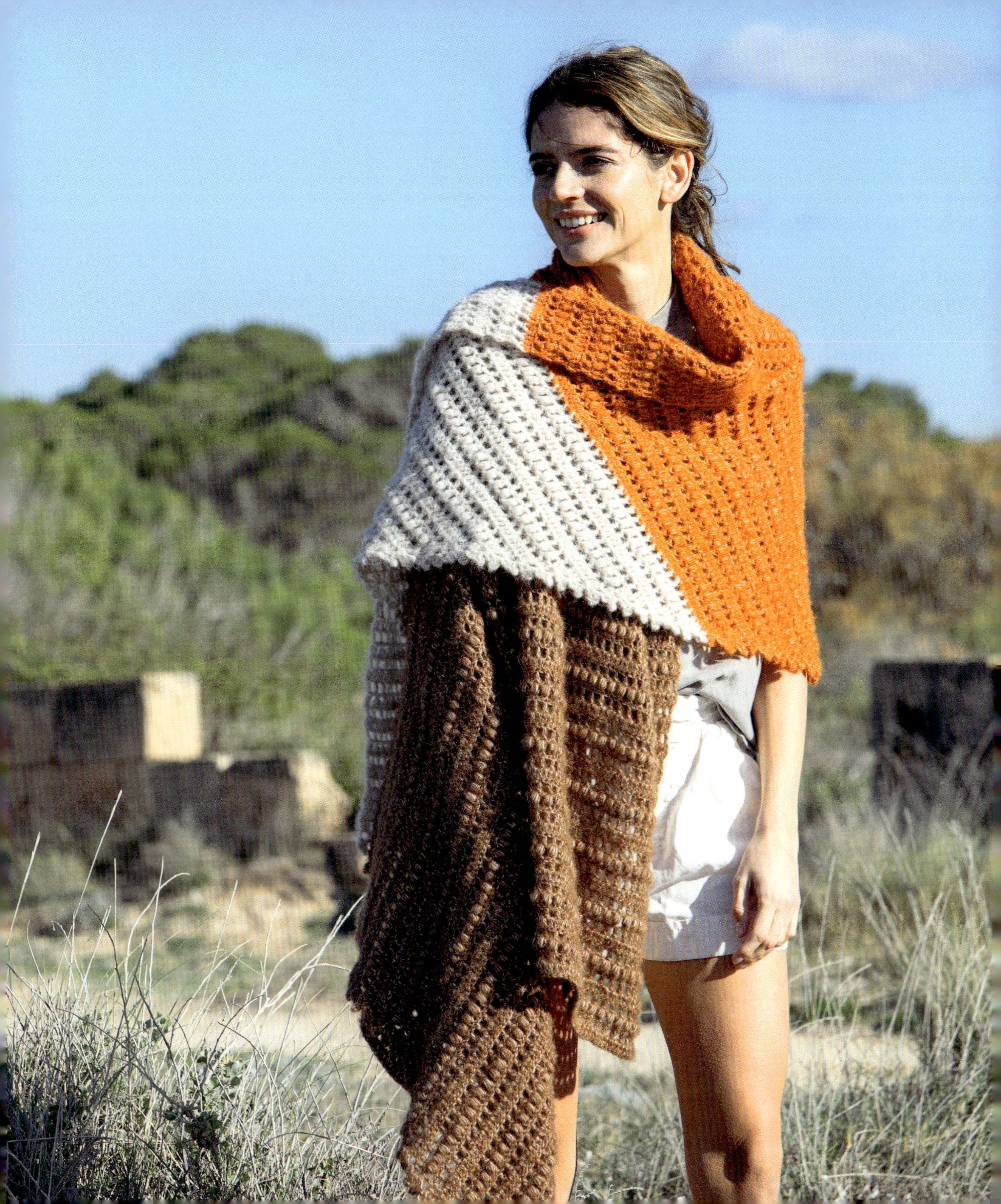

HÄKELSCHRIFT

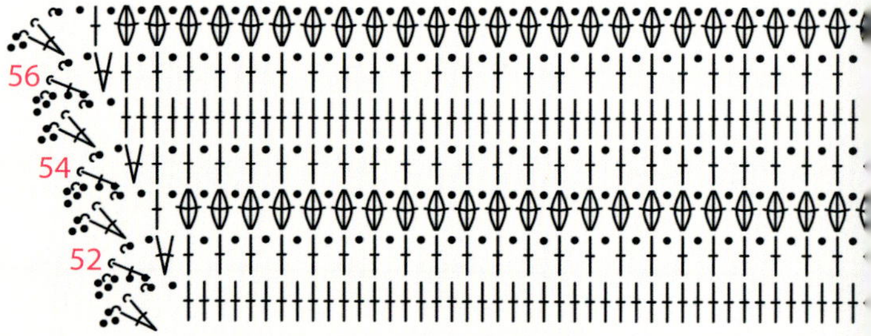

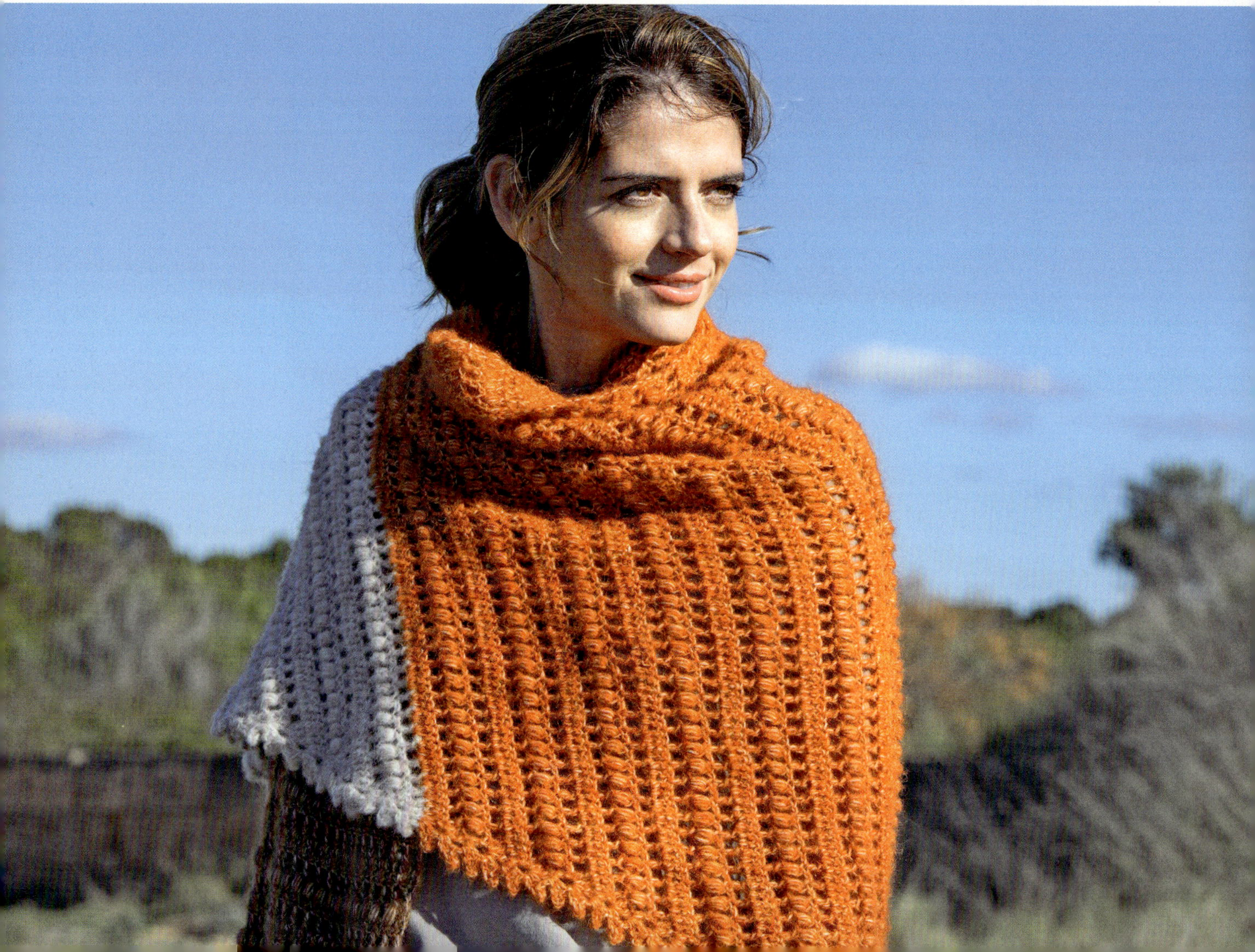

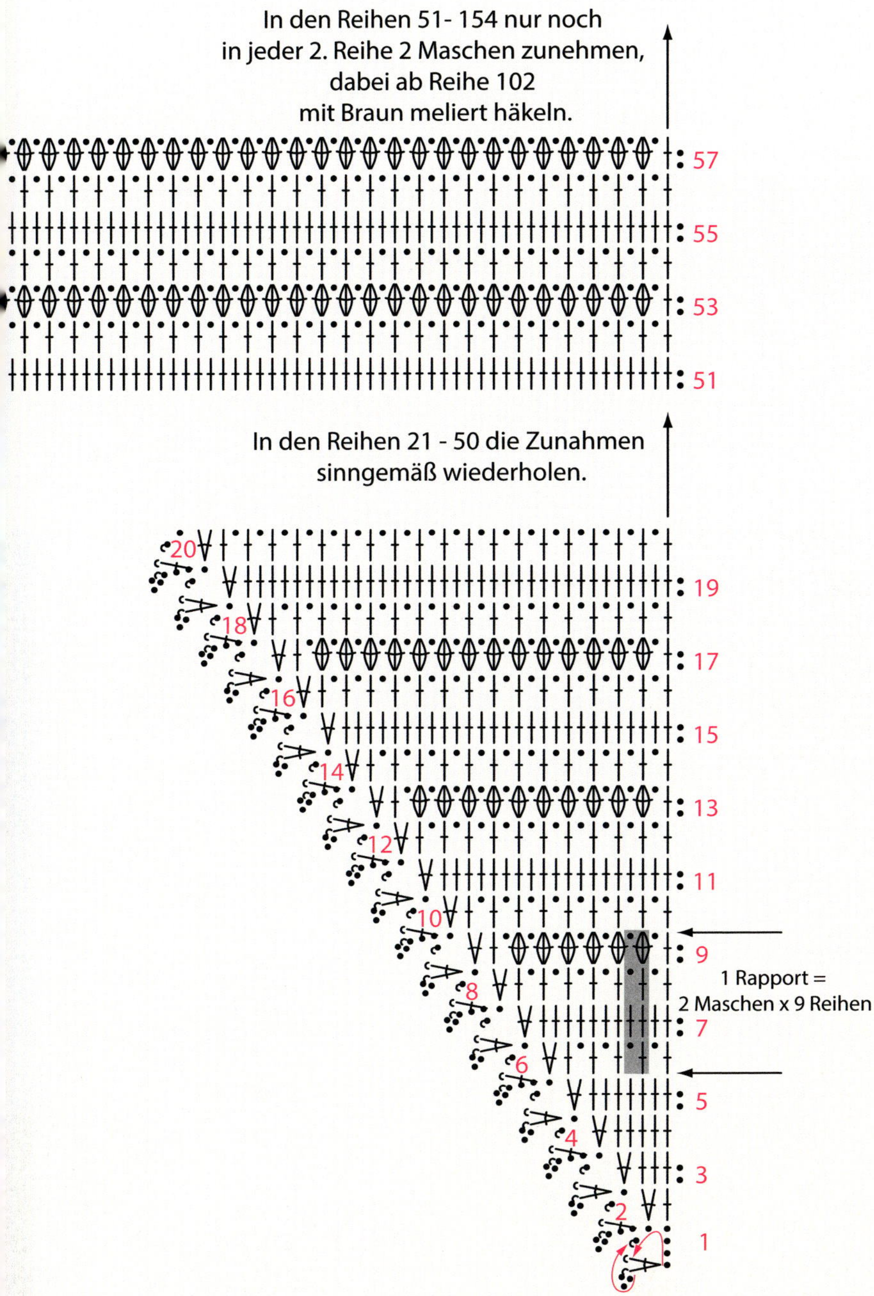

ZEICHENERKLÄRUNG

- • = 1 Luftmasche
- ▮ = 1 feste Masche
- ┼ = 1 Stäbchen
- ⌒ = 1 Kettmasche
- ⬯ = 3 Stäbchen in 1 Einstichstelle und gemeinsam abmaschen

DRAMA-QUEEN

Stola im Fächermuster mit Glitzer und Rüsche

SCHWIERIGKEITSGRAD: ●●●

GRÖSSE

ca. 60 cm x 200 cm (Breite mal Länge) inklusive Rüsche

MATERIAL

- Lana Grossa „Cashmere Garzato" (48 % Kaschmir, 34 % Baumwolle (Pima), 18 % Schurwolle (Merino), LL 170/25 g) 225 g Anthrazit (Fb 09)
- Lana Grossa „Diamante" (100 % Polyester, LL 195 m/25 g) 200 g Anthrazit (Fb 12)
- Häkelnadel 5,0 mm

FÄCHERMUSTER

Nach der Häkelschrift arbeiten. Es sind alle Maschen und die Hin- und Rückreihen gezeichnet.

RÜSCHE

Wird in Runden gehäkelt, jede Runde wird mit 1 Kettmasche geschlossen.
1. Runde: Stäbchen
2. Runde: feste Maschen
3. Runde: In jede Masche 5 Stäbchen häkeln

MASCHENPROBE

Im Fächermuster sind 16 Maschen x 7 Reihen = 10 x 10 cm

ANLEITUNG

89 Luftmaschen + 3 Wendeluftmaschen mit Nadel 5,0 anschlagen. Das erste Stäbchen in die 5. Luftmasche ab der Nadel häkeln. Sofort mit der 1. Reihe der Häkelschrift beginnen. Die 1.–4. Reihe fortlaufend wiederholen, nach insgesamt 35 mal (= 140 Reihen) die Arbeit beenden. Für die Rüschenkante 3 Wendeluftmaschen (= 1. Stäbchen) häkeln und die gesamte Stola mit 1 Runde Stäbchen umhäkeln, die Runde mit 1 Kettmasche schließen (= 1. Runde der Rüsche), dabei in den Ecken jeweils 5 Stäbchen in 1 Einstichstelle häkeln. 1 Wendeluftmasche und die 1. feste Masche in das 1. Stäbchen der Vorreihe häkeln, in jedes Stäbchen der Vorrunde 1 feste Masche häkeln (= 2. Reihe der Rüsche), dabei in die Eckmaschen 5 feste Maschen arbeiten. 3 Wendeluftmaschen häkeln (= 1. Stäbchen). 4 weitere Stäbchen in die 1. feste Masche der Vorreihe häkeln. In jede weitere feste Masche 5 Stäbchen häkeln (= 3. Runde der Rüsche). Die Runde mit 1 Kettmasche schließen und die Arbeit beenden.

FERTIGSTELLUNG

Alle Fäden vernähen. Wenn gewollt, Stola spannen, anfeuchten und trocknen lassen oder vorsichtig dämpfen.

WICHTIG

Immer mal wieder die Maschenzahl kontrollieren!

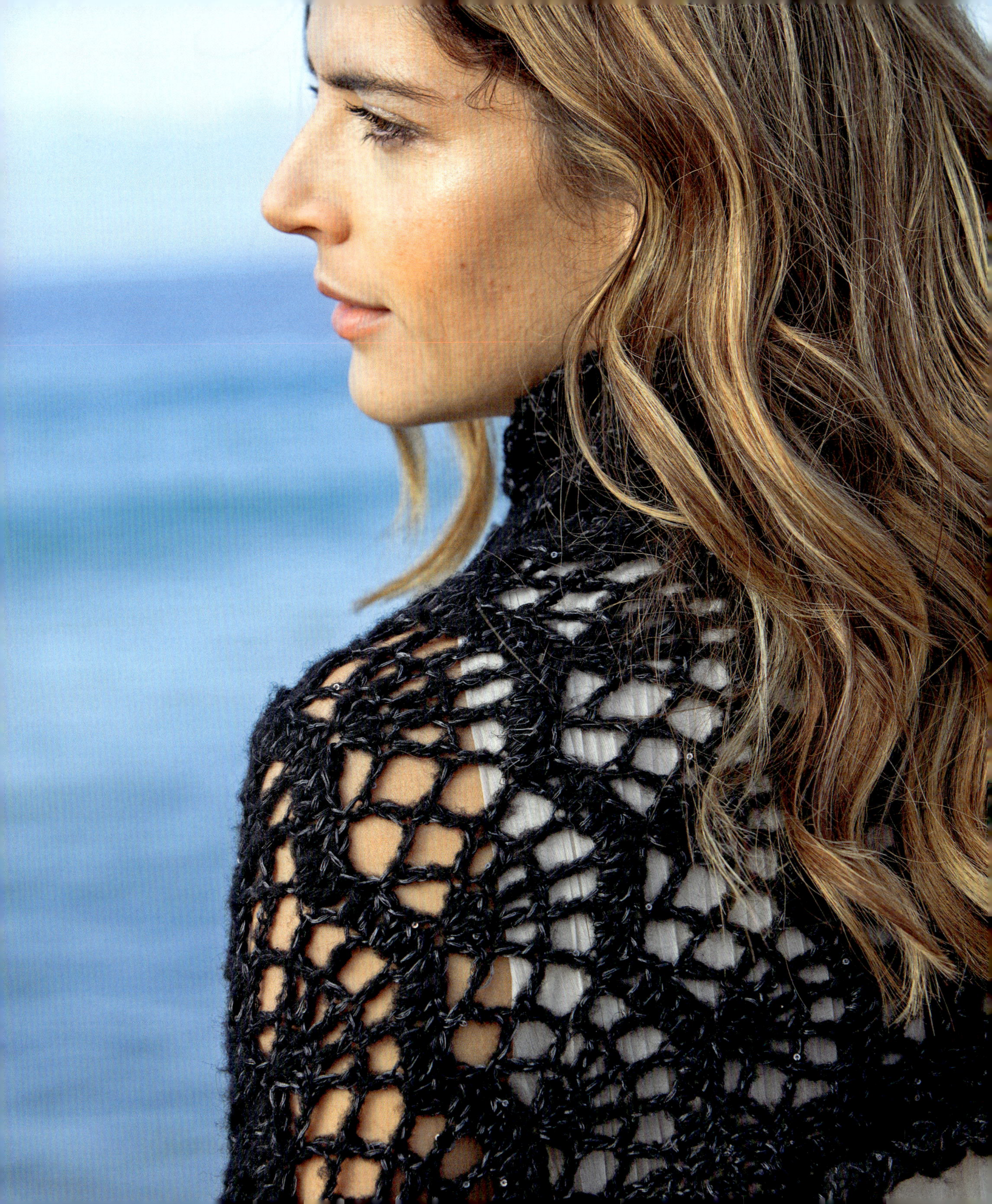

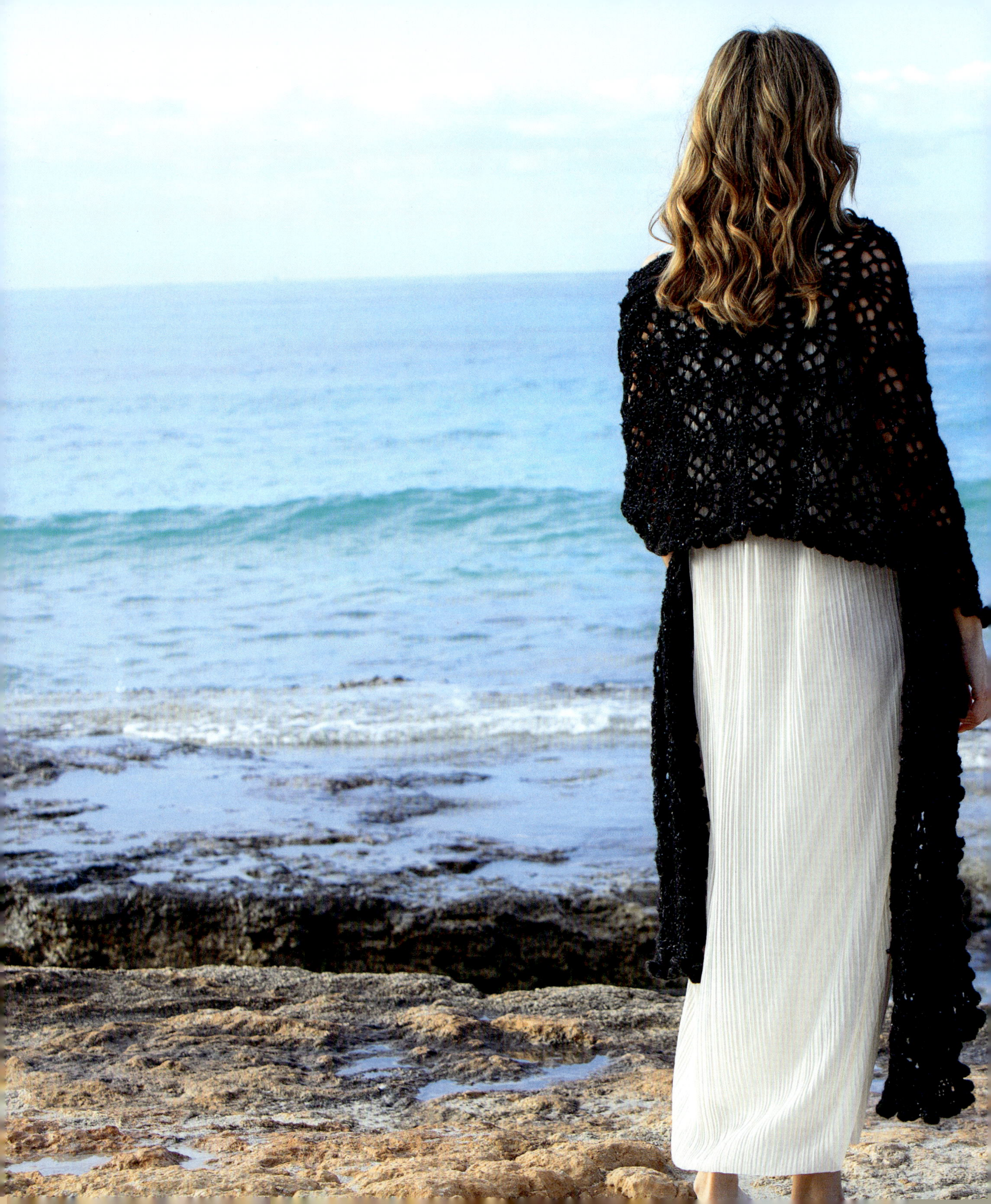

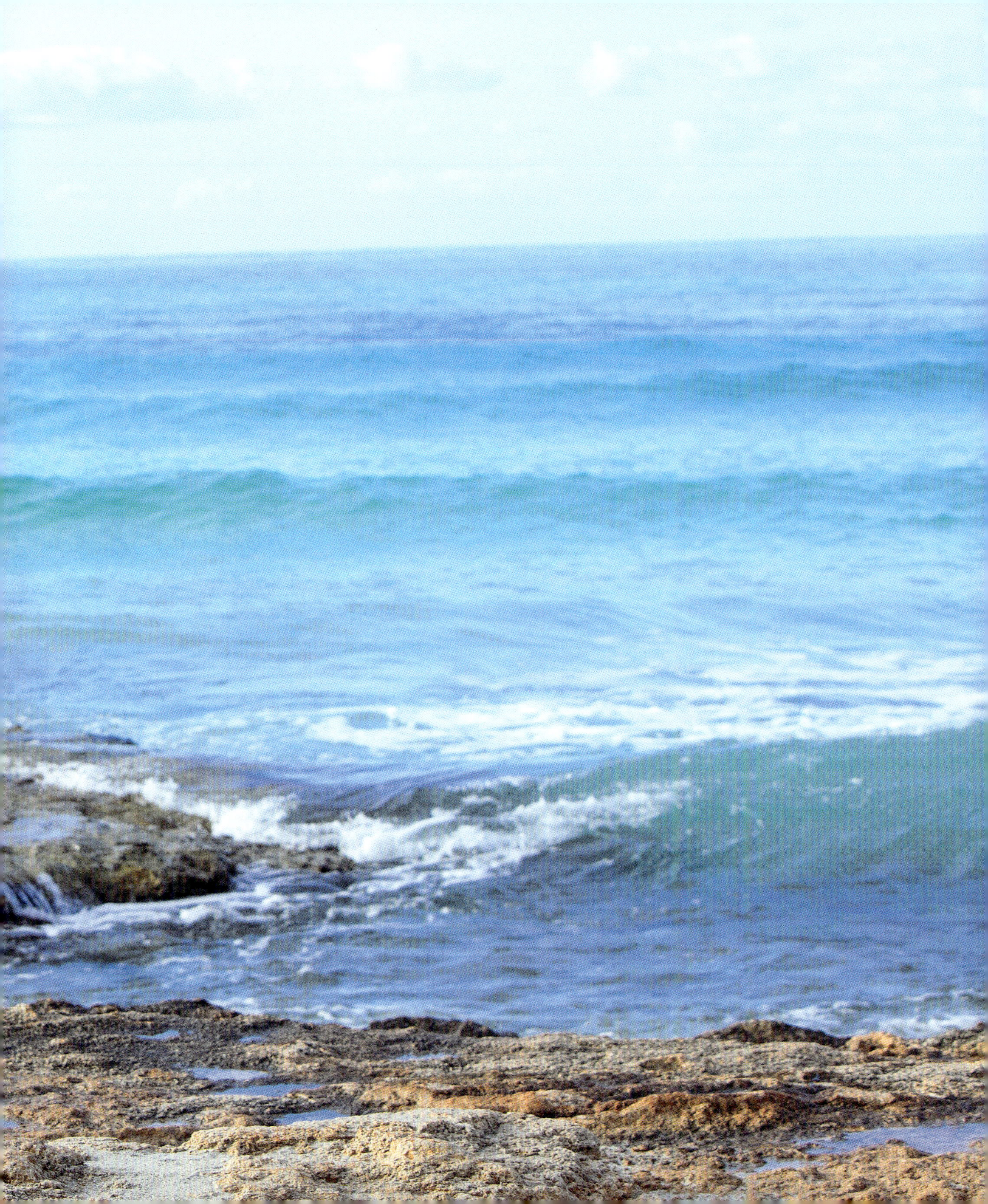

HÄKELSCHRIFT

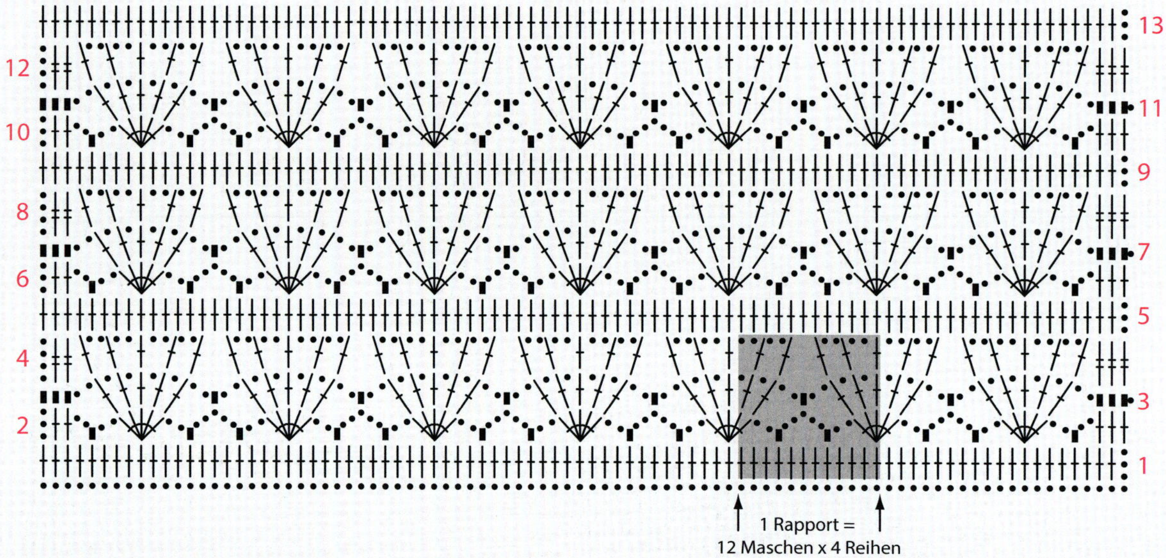

ZEICHENERKLÄRUNG

• = 1 Luftmasche

▮ = 1 Feste Masche

= 1 Stäbchen

= 1 Doppelstäbchen

= 5 Stäbchen in 1 Einstichstelle

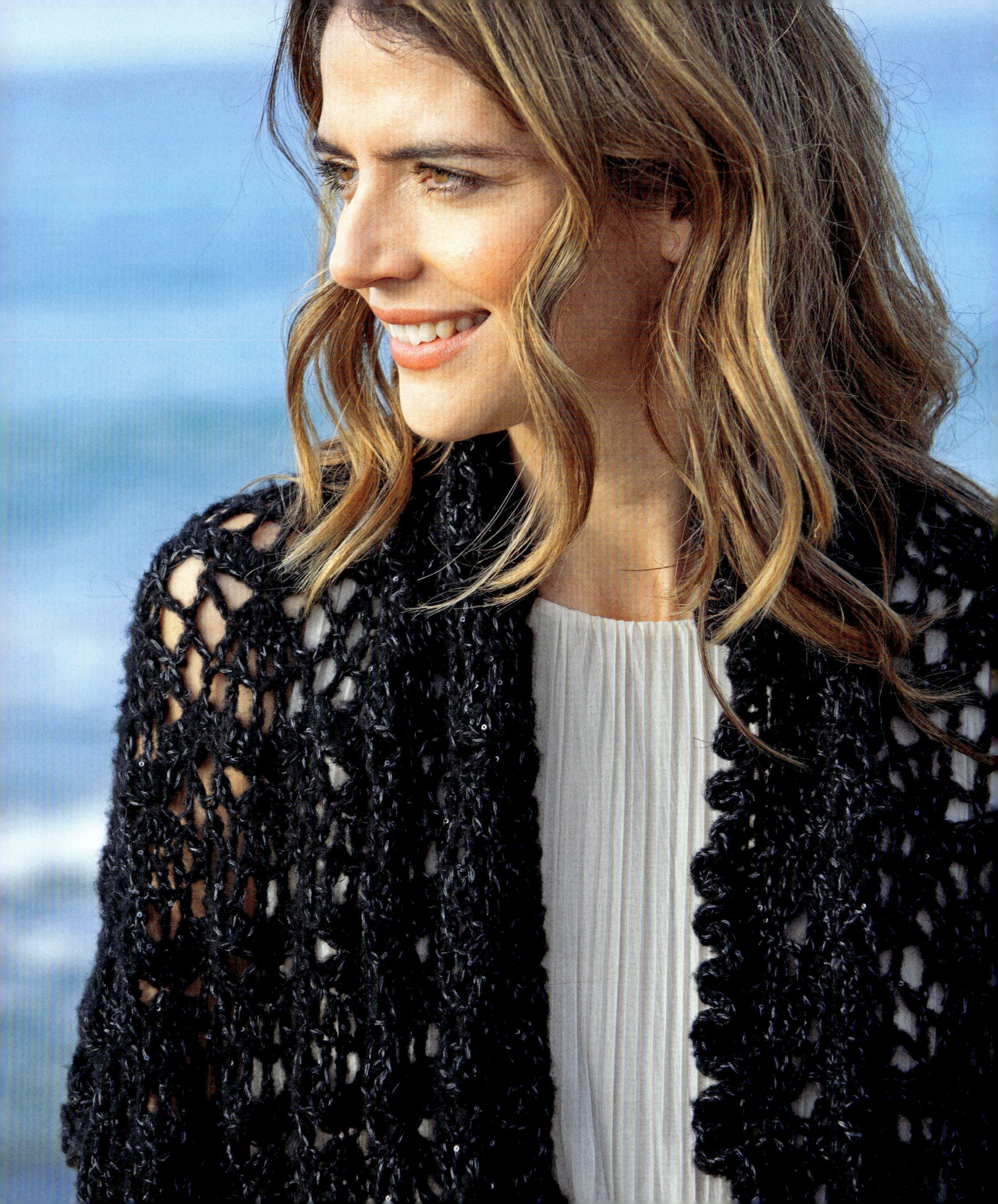

DANK

Danke schön,

ja, ein dickes Dankeschön ist bei einem Projekt wie diesem Buch sehr wichtig. Sooo viele Hände, im wörtlichen Sinn, trugen zum Gelingen bei. Da sind zum einen Helgrid und der CV-Verlag, die mir dieses Projekt anvertraut haben sowie meine »Wolldealer« Lana Grossa, Pascuali und Woll Butt / Buttinette, die mir ihre tollen Materialien zur Verfügung gestellt haben. Ganz viele fleißige, engagierte Hände haben meine Ideen in fertige Tücher umgesetzt. Vielen, lieben Dank dafür an Susanne, Biggi, Sandra, Birgit, Ute, Petra, Mirjam und Lea, nicht nur fürs Häkeln, sondern auch für konstruktives Feedback und kreative Unterstützung. Und damit aus all den schönen Tüchern dann auch ein Buch entsteht, sind schöne Bilder ein seeeeeehr wichtiger Punkt. Diese Aufgabe haben Nina Kuhn und unser Model Viktoria auf Mallorca mit Bravour gemeistert. Jetzt fehlt aber noch das »Finetuning« von Lektorat und Layout, dafür geht mein Dank an Anna, Silke und Mareike. So, und dann muss das Werk noch gedruckt bzw. produziert werden, ihr seht schon, ein ganz schöner Aufwand, und deshalb hoffe ich auch, dass wir euren Geschmack getroffen haben und ihr Freude an diesem Buch habt. Aber wenn ihr diesen Text lest, haben wir ja schon einiges richtig gemacht. Also auch vielen Dank für euer Interesse. Ich hoffe, wir können euch inspirieren und euch sowohl eine gute Zeit beim Nacharbeiten schenken wie auch Freude am Endergebnis. Ich wünsche euch ganz viel Spaß beim Häkeln!!!!!

Nochmal ein gaaaaaanz dickes Dankeschön an alle für alles!

Von ganzem Herzen
Andel Konrad

Ebenfalls erhältlich ...

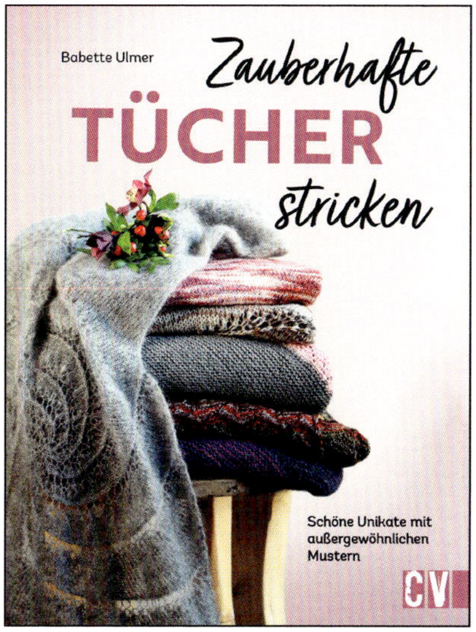

ISBN 978-3-8410-6642-8

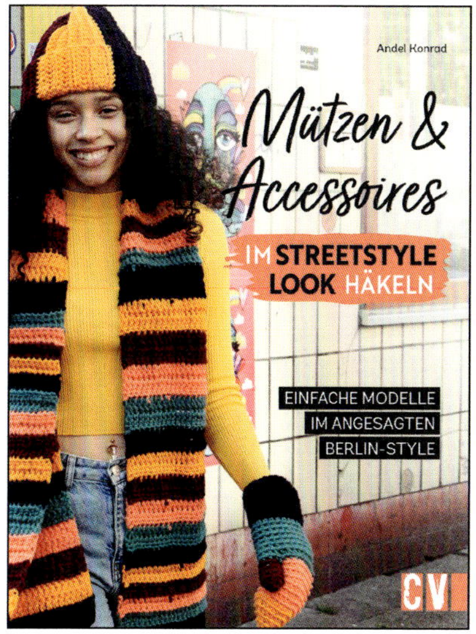

ISBN 978-3-8410-6665-7

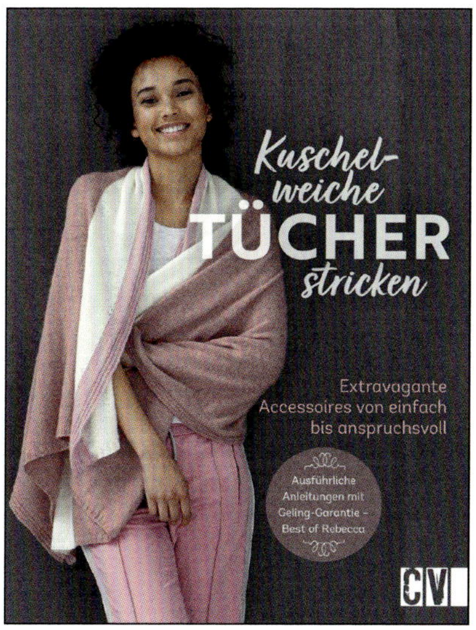

ISBN 978-3-8410-6707-4

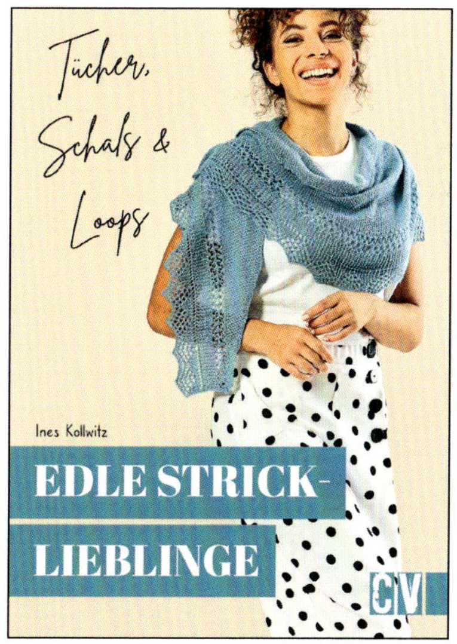

ISBN 978-3-8410-6600-8

CV

www.christophorus-verlag.de

IMPRESSUM

Entwürfe und Ausführung: Andel Konrad
Fotografie: Nina Kuhn
Häkelschriften und -schemata: Andel Konrad
Redaktion: Helgrid van Impelen und Mareike Weber
Lektorat: Anna Maier
Layout: Silke Schüler
Umschlaggestaltung: Helen Garner
Repro: LUDWIG:media
Herstellung: Kathleen Baumann
Printed in Slovakia by Neografia

★★★★★

Sind Sie mit diesem Titel zufrieden? Dann würden wir uns über Ihre Weiterempfehlung freuen.
Erzählen Sie es im Freundeskreis, berichten Sie Ihrem Buchhändler oder bewerten Sie bei Onlinekauf. Und wenn Sie Kritik, Korrekturen, Aktualisierungen haben, freuen wir uns über Ihre Nachricht an: Christophorus Verlag, Postfach 40 02 09, D-80702 München oder per E-Mail an lektorat@verlagshaus.de

Die Deutsche Nationalbibliothek verzeichnet diese Publikation in der Deutschen Nationalbibliografie; detaillierte bibliografische Daten sind im Internet über www.dnb.de abrufbar.

Hersteller: Lana Grossa, Pascuali, Woll Butt / Butinette

Hinweis: Laufen Zeichen oben zusammen, werden sie zusammen abgemascht; laufen sie unten zusammen, werden sie in eine Einstichstelle gearbeitet.

Infanteriestraße 11a
80797 München

ISBN 978-3-8410-6708-1

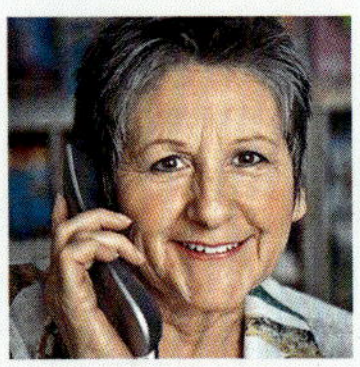

Kreativ-Service

Sie haben Fragen zu den Büchern und Materialien? Frau Erika Noll ist für Sie da und berät Sie rund um alle Kreativthemen. Rufen Sie an! Wir interessieren uns auch für Ihre eigenen Ideen und Anregungen. Sie erreichen Frau Noll per E-Mail: **kreativ-service@c-verlag.de** oder Tel.: **+49 (89) - 1306 99 - 577.**

Besuchen Sie uns im Internet: **www.christophorus-verlag.de** und **selbstgemacht.de**